吳學剛　編著

看見快樂

你可以給自己力量

打破心靈枷鎖，掃除憂鬱低潮，
改變心態，成為精神的強者！

本來沒有很難過，但一哭就一發不可收拾，
只想發洩一下情緒，事情卻導向難以收拾的地步，

難過需要忘記，情緒需要掌控
做自己心態的主人，別讓情緒反駕馭你

CONTENTS

目錄

第四章 笑看人生，用樂觀駕馭悲觀

第五章 寬容豁達，不斤斤計較

第六章 沒有做不到的事情，只有想不到的事情

CONTENTS

PREFACE

前言

你是不是曾經因為遭遇不公平對待而不停抱怨？

你是不是曾經因為一些不可理喻的事情暴跳如雷？

你是不是曾經因為不夠自信而導致事情一敗塗地？

你是不是曾經因為生活中的一點兒小事而悶悶不樂？

……

所有這些情緒都會影響我們處理事情，進而影響我們的人生。所以，我們要學會先處理心情，再處理事情。

從表面上看，心情和事情是兩個完全不同的概念，但是作為一個有著複雜情感因素的人，很多時候，人們的心情和事情常常交織在一起。當一個人沒有處理好自己的心情時，關於他的事情也常常處理不好。反之亦然，如果心情處理好了，接下來的事情就更容易處理了。

我們看這樣一個身邊的例子：

在一次春季運動會上，兩位實力相當的運動員都進行了一百公尺賽跑。在預賽中，他們都沒能發揮出自己應有的水平，只是勉強擠進了決賽的行列。運動員甲的教練頗感意外，脫口而出：「哎呀，怎麼會這樣？真是糟糕，拿冠軍沒有希望了。」運動員乙的教練鎮定自若，不假思索地說：「不怕。只要努力了，就行了。何況你還會繼續努力呢！」結果，甲因為內心焦慮不安、情緒低落，決賽時成績再度受挫。乙卻因沒有心理負擔，只一心努力，反而超常發揮，獲得第一名。

運動員乙為什麼能奪得冠軍？是因為教練恰當的鼓勵。運動員甲則不然，自己糟糕的心情被教練的幾句話搞得更加糟糕。

道理就是這麼簡單：決定成功與失敗的，不在於我們是誰，不在於機遇的多寡，更不在於我們在什麼地方，我們正在做什麼，而在於我們用什麼樣的心情處理當前發生的事情以及正在發生的事情。

一個人心情開朗則對什麼事情都充滿了熱情，對生活充滿了希望，做事情的時候都積極上進，自然就會事事順利，心情也就會越來越好；但是相反，一個人的心情憂鬱，整天愁眉苦臉地面對生活，不管做什麼事情都不積極，甚至錯誤百出，那麼自己的價值就會得到懷疑，別人和自我的肯定越來越少，這樣也就使心情更加消極憂鬱，形成了惡性循環。

一位哲人曾經說過：一個人的心態就是一個人真正的主人，要嘛你去駕馭生命，要嘛生命駕馭你，而你的心態將決定誰是坐騎，誰是騎師。愉悅的心情是一時的，我們重要的是保持這種愉悅，再達到寧靜的狀態，寧靜的心情是長期不斷的，

PREFACE

可使人們遇事能夠放開視野，縱橫思考，運用自如的駕馭、掌握自己的情緒，不管碰到什麼不愉快，盡可能從中尋出合理的一面，從而獲得新的寧靜。

記住：要做自己情緒的主人，先處理心情，再處理事情。

第一章 心情好，一切才好

好心情比什麼都重要。有句名言：「一種美好的心情要比十服良藥更能解除生理上的疲憊和病理上痛苦。」心情好，一切才好。

讓好心情每天駐留心間

假如你生活在現代競爭激烈的社會中，常常有活得累，活得艱難的感覺，就要明白這其中雖有客觀因素，但主要的因素還在自己。我們的命運取決於我們自己的心理狀態。如果我們想的都是快樂的事情，那麼我們就能快樂；如果我們想的都是悲傷的事情，那麼我們就會悲傷；如果我們想的全是絕望，那麼我們就會絕望；如果我們想的全是失敗，那麼我們就會失敗。正如富蘭克林．羅斯福所說的：「一個人心靈的平靜和生活的樂趣，並非取決於他擁有何物、有何地位或置身於何種情境——總之，與個人的外在條件並無多大關係，而是取決於個人的心理態度、精神追求。」

一次，一位犯人被告知明天將被處極刑，行刑的方式是在他手臂上割一個口子，讓他流盡鮮血而亡。犯人驚恐之至，百般哀求，但終無用處。

次日一早，犯人就被帶到一個房間中，鎖在一面牆上，牆上有個小孔，剛好可以把一條手臂穿過去。劊子手把他一隻手從孔中穿過，在牆的另一邊，用刀子在他的手上割開一個口子，在手下邊還放著一個瓦罐來盛血。

「滴答，滴答……」血一滴滴地滴在瓦罐中，四周靜極了。牆這邊的犯人就這樣靜靜地聽著自己的血滴在瓦罐中的聲音，他覺著渾身的血液都在向那條手臂湧去，越來越快地流向那個瓦罐。不一會兒，他的意志也隨著血流走了，最後倒地而死。

在牆的另一邊，他手上的那個小口子早就不流血了，劊子手身邊的桌子上放著一個大水瓶，水瓶中的水正透過一個特製的漏斗軟管往下邊的瓦罐中滴答。一種強烈的心理暗示，讓犯人自己殺死了自己。

因此，千萬不要小覷了憂鬱、悲觀的心境，它就像那不停滴下的水滴。這種不停往下滴的憂鬱不僅能摧毀一個女人的美麗容貌，使人們臉上布滿皺紋，愁眉苦臉，使人頭髮變白或脫落，使人的皮膚生出斑點、潰爛和粉刺，它還是一把殺人不見血的軟刀子，還是人生一種嚴重的癌症。生活中有不少這樣的例子：體檢時，張三、李四兩人中的一人得了癌症，而體檢報告上卻寫錯了，張冠李戴了。本來未得病的李四，誤以為自己得了癌症，結果終日心神恍惚，精神萎靡不振；而真得病的張三卻渾然不覺，整天歡聲笑語。再次體檢時，李四果真得了癌症，而原來得癌症的張三，一檢查卻發現癌症消失了。

心情有時如一棵樹，快樂是筆直的樹幹，秋天來時，抖抖快樂的枝幹，那些枯黃的樹葉和愁雲便會紛紛揚揚地失落。春天來時，抖抖快樂的枝幹，生活便會展開美麗的笑顏。

一份好的心情，不僅僅可以改變自己，同時，更會感染他人，如果你想做一個快樂的人，那麼，你一定要首先保持一種好的心情。如果一個人的心情是藍色的、憂鬱的，再昂貴的化妝品，也掩飾不住她滿臉的愁雲，再高超的美容師也無法撫平她緊揪的眉頭，反之，心情是快樂的、流暢的，即使素面朝天，也會顯示出女性的柔美。

昆明西山華亭寺內，存有唐代一副祕方，是治療心病的靈丹妙藥。此藥方相傳是唐代法號為天際大師的和尚為普渡眾生而開的。據說凡誠心求治者，無不靈驗。藥方如下：

藥有十味：好肚腸一根，慈悲心一片，溫柔半兩，道理三分，信用要緊，中直一塊，孝順十分，老實一個，陰陽全用，方便不拘多少。

用藥的方法是：寬心鍋內炒，不要焦不要躁。

用藥的忌諱是：言清行濁，利己損人，暗箭中傷，腸中毒，笑裡刀，兩頭蛇，平地起風波。

這可以說是一副治療消極心態，保持樂觀積極心態的十分有效的「中藥」。

有一位大學生對此深有體會。經歷了學測，他沒有取得自己夢想中的好成績，儘管分數上還說得過去，但只能進一所不起眼的大學。

因此，他的大學第一學期過得很不愉快，幾乎是在怨氣和悔恨中度過的，終於熬到放了寒假。回到家裡，父親向他問起了大學生活，他說：「大學生活真的很沒勁。」

他的父親是個鐵匠，聽了他的話後，臉上一直很驚愕。沉默了半晌之後，轉過身用他那粗壯的手操起了一把大鐵鉗，從火爐中夾起一塊被燒得通紅的鐵塊，放在鐵墊上狠狠地錘了幾下，隨之丟到身邊的冷水中。「滋」的一聲響。水沸騰了，一縷縷白氣向空中飄散。

父親說：「你看，水是冷的，然而鐵卻是熱的。當把火熱的鐵塊丟進水中之後，水和鐵就開始了較量——它們都有自己的目的，水想使鐵冷卻，同時鐵也想使水沸騰。現實中，又何嘗不是如此呢？生活好比是冷水，你就是熱鐵，如果你不想自己被水冷卻，就得讓水沸騰。」聽後，這位大學生感動不已，樸實的父親竟說出了這麼飽含哲理的話。

第二學期開始後，他開始反省自己，並且不停地努力，學習終於有了一點起色，內心也開始一天天地豐富充實起來。

由此看來，樂觀是一種選擇，悲觀是一種選擇，沮喪也是一種選擇，林肯曾經說過：「大多數的人都是像他們所決定的那樣高興起來的。」

白玉也有微瑕

世上沒有十全十美的事，也沒有十全十美的人。如果你非得在生活中苛求完美，那麼等待你的將是無法擺脫的煩惱與遺憾。因為，苛求完美的人總是用挑剔的目光看待別人，他們的眼裡容不下任何的微瑕與不足，也看不到任何的優點，所以，就常為達不到自己的願望而感到煩惱無窮。

一位記者去採訪兩位頗有名氣的畫家，請他們談談如何發現美，並因此而為世人創造出美來的過程。其中一位畫家說道：「追求和發現美，是每個畫家夢寐以求的事，將它們訴諸筆端，現於畫紙，更是每個畫家的神聖職責所在，當屬義不容辭！」他說到這裡，無不惋惜地搖了搖頭，十分失望地說：「恕我直言，我非常遺憾。雖然我跋山涉水，歷盡千辛萬苦，到過世界很多地方，不管是遊歷也好，觀光也罷，然而，我從來沒有找到那股激情，也就是說，沒有找到令我下決心畫下來的完美面孔。」

畫家說到這裡，對記者舉例道：「在每張面孔上，我都或多或少地發現了這樣或那樣的瑕疵，可以說我的追尋不過是一場夢而已，徒勞而無功。你想，這樣充滿缺陷的面孔，怎能構成我完美絕倫的畫卷？」畫家連連搖頭表示無可奈何。

而與他齊名的另一位畫家，卻平淡地對記者說：「我從不把我當成一位藝術家，也沒有到國外去追尋什麼靈感，我只是置身其中，與大眾融為一體，與他們同哭同笑，結果我發現任何一張面孔都不是微不足道或者一無是處，我總能在其最普通、最平凡的一面，發現其更美、更與眾不同的一面來。」這位畫家深情地說：「他們的每張面孔，都是一件藝術珍品，是一尊維納斯像。」說到這，畫家的臉上滿是聖潔的光輝，他說：「這些對我來說，已深感快樂，即使我不是一位藝術家，我生活在他們當中，也心滿意足了！」

同樣是談如何在生活中發現美創造美，苛求完美的畫家看到的是人們臉上這樣或那樣的瑕疵；承認差異、善於發現美的畫家卻從生活中找到了一件件藝術珍品，發現了一尊尊維納斯像。可見，不同的心態和不同的審美觀所產生的結果，有多麼不同。

打開心房，儲藏快樂

快樂是一劑良藥，它能拯救不幸於水火之中，從而給人帶來幸福和健康。快樂就是人生盛宴上的美味佳餚。我們應當感謝每一位攝影師，因為他們在摁動快門的一剎那，總會不失時機提醒我們：笑一笑。哦，美妙的瞬間定格為永恆，快樂的微笑是人生最亮麗的風景。

傳說在天堂上的某一天，上帝和天使們召開了一個頭腦風暴會議。上帝說：「我要人類在付出一番努力之後才能找到幸福快樂，我們把人生幸福快樂的祕密藏在什麼地方比較好呢？」

有一位天使說：「把它藏在高山上，這樣人類肯定很難發現，一定要付出很大的努力。」

上帝聽了搖搖頭。

另一位天使說：「把它藏在大海深處，人們一定發現不了。」

上帝聽了還是搖搖頭。

又有一位天使說：「我看哪，還是把幸福快樂的祕密藏在人類的心中比較好，因為人們總是向外去尋找自己的幸福快樂，而從來沒有人會想在自己身上挖掘這幸福快樂的祕密。」

上帝對這個答案非常滿意：

從此，幸福快樂的祕密就藏在了每個人的心中。

快樂就像是一種魔方，能給任何年齡的人帶來勃勃生機和活力，能讓萎靡者發現生命的動力，讓默默耕耘者在無意中收穫，讓脆弱者變得堅強，讓強者更富有韌性，讓智者在哲理中享受。

心理學家指出，每個人都具備使自己幸福快樂的資源，像謙虛、合作精神、積極的態度，還有愛心。這些特質幾乎都可以在每個人的身上找到，只是許多人沒有把這些「幸福快樂的資源」運用得好。而且每一個人都可以透過改變思想去改變自己的情緒和行為，從而改變自己的人生。

我們每天遇到的事物，都包含成功快樂的因素，取捨全由個人決定。因為所有事情和經驗裡面，正面和負面的意義同時存在，把事情和經驗轉為絆腳石或者是踏腳石，由你自己決定。

幸福快樂的人所擁有的思想和行為能力，都是經過一個過程培養出來的。在開始的時候，他們與其他人所具備的條件是一樣的。

情緒、壓力或困擾都不是源自外界的人、事、物，而是由自己內心的信念和價值觀產生出來的。有能力給自己製造出困擾的人，當然也有能力替自己消除困擾。

相信自己有能力或凡事都有可能，是對自己幸福快樂最有效的保證。永遠相信和理解生活中美好的東西，永遠保持充沛的活力和樂觀的情緒，那麼快樂就會永遠圍繞著你。

世上本無事，庸人自擾之

俗話說：世上本無事，庸人自擾之。確實，生活中有許多煩惱完全是你自找的。有一次在火車上，偶然聽到一段愚蠢的對話。這段對話長達一個小時，而焦點一直集中在這兩個人的明天以及接下來的一週將會有多累。這兩個人像是在彼此說服對方，或是說服自己，強調他們在工作中將會花多少時間、多少力氣，他們會睡不了幾小時，最重要的是他們會疲倦得不得了。他們兩個都說了些類似的話，如「老天！明天我會累死了！」或「我不知道下星期要怎麼過！」及「今天晚上我只能睡三小時了！」他們談到晚上加班、缺乏睡眠、不舒服的旅館床鋪、大清早的會議等等。他們已經覺得精疲力竭了，而我相信事情也就會照他們所預期的那樣發生。我不敢確定他們是在吹牛還是在抱怨，但有一點是可以肯定的：只要這樣的對話繼續下去，他們就會變得越來越疲倦。他們的聲調很沉重，似乎即將缺乏睡眠的問題已經影響到他們了，就連我只是聽了一陣子他們的對話，也覺得疲倦得不得了。

這個故事說明，一個人不論用什麼方法想像自己的疲勞，都只會產生加重疲勞的後果。一個人預想自己的疲倦，就向大腦發出了一個信號，提醒大腦發出疲倦的反應，這就是說，你的疲勞正是對你自己胡亂想像的一種報應。你的煩惱是自找的。一個人把煩惱寄給流逝的時光，收到的是天天煩惱；把煩惱轉嫁給別人，到頭來仍然是自尋煩惱；把煩惱流放到雲天沃野，最終，你會感到，人生處處充滿煩惱。

還有的人是用另一種方式來自尋煩惱的。有兩個窮人一道趕路，邊走邊聊。其中一個人說：「老兄，我們這麼窮，要是能撿到一筆錢該多好啊。喂，你說，要真撿到錢，我們該怎麼辦？」另一個人說：「怎麼辦，那還用說，見面分一半，我們一人一半。」

「不對，」第一個人說，「錢這東西，誰撿到就是誰的，憑什麼我要分你一半呢？」

「嘿，我們一塊出門趕路，撿到錢，你還要獨吞不成？真是個守財奴，不夠朋友。不夠朋友的人其實就是衣冠禽獸。」另外一個越說越激動。「你說什麼？衣冠禽獸？你再說一遍。」「說就說，我怕你呀，衣冠禽獸。」

話音未落，兩人就扭打在了一塊，你一拳我一腳，不可開交。這時從對面走過來一個人，見狀上前勸架。二人竟不肯住手，口中也還在叫罵。勸架的好不容易弄明原因，不禁哈哈大笑，說：「我還當真撿到錢了呢，還沒撿到就打得鼻青臉腫呀？」

兩人這才回過神來，打了半天，其實沒撿到錢，耽誤了趕路不說，衣服弄髒弄破了，而且搞得鼻青臉腫，真是何苦。這正是自尋煩惱者的典型表現。

但有時候儘管你不願意尋找煩惱，煩惱也會找上門來。正所謂：人在家中坐，禍從天上來。煩惱這杯苦酒，是人生中難以避免的。望著遠處的群山漸漸變得渺茫，黃昏悄悄爬上心頭；往昔含情嬌羞的目光，如今已是滿眼掛著寒霜；撫摸征途中被荊棘刺破留在心中那隱隱作痛的感傷……你忽然覺得，煩悶會從天而降，苦惱也在心中激起巨浪。

面對煩惱，如果不進行及時調節，就會對人造成身體傷害。運用下面方法也可以自我調節心理煩惱，走向健康生活。

其一就是運用豁達法。這是指一個人應有寬闊的心胸，豁達大度，遇事不斤斤計較。平時做到性格開朗、合群、坦誠、少私心、知足常樂、笑口常開，這樣就很少有愁悶煩惱。

其二是使用鬆弛法。這是一種放鬆身心的方法。具體做法是：被人激怒後或十分煩惱時，迅速離開現場，作深呼吸運動，並配合肌肉的鬆弛訓練，甚至可做氣功，訓練放鬆，以意導氣。逐漸入境，使全身放鬆，摒除腦海中的一切雜念。

其三是學會節怒法。這是一種自我節制怒氣的方法。主要靠高度的理智來克制怒氣的暴發，可在心中默默背誦名言。

其四是懂得平心法。這是保持自我心情平靜的一種方法。可以盡量做到「恬淡虛無」、「清心寡慾」。如果你與世無爭，不為名利、金錢權勢、色情所困擾，不貪不沾，看輕身外之物，同時又培養自己廣泛的興趣愛好，陶冶情操，充實和豐富自己的精神生活，可使自己常常處於恬淡、怡悅的寧靜心境之中。

其五是運用自悅法。這是一種自尋愉悅、自找樂趣的方法。經常參加一些有益於身心健康的社交活動和文體活動，廣交朋友，促膝談心，交流情感。也可以根據個人的興趣愛好，來培養生活的樂趣。做到適當休息，在工作學習之餘，應常到公園遊玩或赴郊外散步，欣賞鄉野風光，體驗大自然的美景。

其六是保持心閒法。透過閒心、閒意、閒情等意境，來消除身心疲勞，克服心理障礙。不要活得太累，人生無非就是瀟灑走一回。心情豁達，遇事想得開，何來煩惱？

丟掉所有的不快樂，就是快樂

字典上對快樂所下的定義多半是：覺得幸福或滿足。可是，對於快樂，每個人都有不同的定義。

德國著名哲學家康德認為：快樂是我們的需求得到了滿足。莎士比亞說：「我認為世上再也沒有比懷唸好友更愉快的事情了。」對他而言，友誼是像陽光一樣美好的東西，令人感到心情愉快。因此，擁有很多朋友便是他的快樂。

的確，對於不同的人，快樂有著不同的含義。有的人認為吃飽穿暖就是快樂，有的人認為家庭和睦就是快樂，有的人認為事業成功就是快樂……一千個不同的人對快樂有一千個不同的定義。因為快樂的認識不同，所以得到的快樂也不同。快樂不是客觀的，而是人主觀的一種感受，是不可衡量的。

埃及的國家博物館裡，陳列著一件令人費解的展覽品：一隻雕刻精美的白玉匣子，大小和我們常用的抽屜差不多，匣內被十字形玉柵欄隔成四個小格子，潔淨通透。

玉匣是在法老的木乃伊旁發現的，當時匣內空無一物。從所放位置看，匣子是十分重要的，可它是盛放什麼東西用的？為什麼要放在那裡？寓意何在？誰都猜不出。這個謎，在很長一段時間內，讓考古學家們百思不得其解。

直到很多年後，在埃及卡爾維斯女王的墓室中，考古學家發現了一幅壁畫，才破解了玉匣的祕密。

壁畫上有一位看起來很嚴肅的男子，正在操縱一架巨大的天秤。天秤的一端是砝碼，另一端是一顆完整的心。這顆心是從一旁的玉匣子中取出的。

原來在埃及的古老傳說中，有一位至高無上的美麗女性，名叫快樂女神。快樂女神的丈夫，是一位明察秋毫的法官。據說每個人死後，心臟都要被快樂女神的丈夫拿去稱量。如果一個人是快樂的，心的份量就很輕，女神的丈夫就引導那顆心的靈魂飛往天堂；如果那顆心很重，被諸多罪惡和煩惱填滿，快樂女神的丈夫就判他下地獄，永遠不得見天日。謎底揭開了，原來白玉匣子是用來盛放人的心靈的。誰的心沉，死後就下地獄；誰的心輕盈，死後就能上天堂。

快樂很簡單，簡單就是快樂，隨意就是快樂，平平淡淡就是快樂，其實，生活中並不缺乏快樂，只是缺乏自覺發現快樂的眼睛和感受快樂的心。

分享是一種美德，更是一種快樂

一位考古學家說：「人類之所以成為進化程度最高的生物，分享的行為是功不可沒的。」人類社會中金錢、財富、物質……都是可以與人分享的，包括快樂也是可以分享的。

給予是快樂的源泉，為別人帶來快樂的同時，我們自己也會處於快樂的包圍之中。快樂是可以分享的，你給別人帶來了快樂，你分享給別人的東西越多，你獲得的東西就會越多。你把幸福分給別人，你的幸福就會更多。

大家都生活在同一個社會裡，人類生存的需要決定了我們人與人之間的關係必須是相互依存的，你關心了別人，別人也會關心你，當你為別人做了好事時，你會有一種由衷的快感和心靈的慰藉，而同時又贏得了別人的敬慕。

俄國詩人涅克拉索夫的長詩《在俄羅斯，誰能幸福和快樂》中寫道：詩人找遍俄國，最終找到的快樂人物竟然是枕鋤瞌睡的農夫。是的，這位農夫有強壯的身體，能吃能喝能睡，從他打瞌睡的眉目裡和他打呼嚕的聲音中，便流露出由衷的開心。這位農夫為什麼能開心？不外乎兩個原因，一是知足常樂，二是勞動能給人帶來快樂和開心。正是因為農夫付出了能讓別人快樂的勞動，所以他才能成為最快樂的人。付出最多的人，往往獲得也最多。

有一個關於動物的故事：

樹上停了一隻嘴裡銜著一大塊食物的烏鴉。許多追蹤牠的烏鴉立刻成群飛來。它們全都停下來，一聲不響，一動不動。那只嘴裡叼著食物的烏鴉已經很累了，很吃力地喘息著，牠不可能一下子就把這一大塊食物吞下去，也不能飛下去，在地上從容不迫地把這塊東西啄碎。那樣烏鴉們會猛撲過去，展開一場混戰。牠只好停在那兒，保衛嘴巴裡的那塊食物。

也許是因為嘴裡叼著食物呼吸困難，也許是因為牠被大家追趕，已經弄得精疲力竭——只見它搖晃了一下，突然掉了叼著的那塊食物。

所有的烏鴉都猛撲上去，在這場混戰中，一隻非常機靈的烏鴉搶到了那塊食物，立刻展翅飛去。先前被追趕得精疲力竭的烏鴉也在跟著飛，但已明顯地落在大家的後面了。

結果第二隻烏鴉也像第一隻一樣，被弄得精疲力竭停到一棵樹上，也掉了那塊食物，於是又是一場混戰，所有的烏鴉又去追趕那個幸運兒……

請看，叼有食物的烏鴉處境多麼可怕，而這只是因為它只為了自己。不會與別人分享，最終的結果是自己也享受不到。快樂分給大家就會成倍地增加。相反地，如果緊握住不放，就會有別人嫉妒你的快樂。

從前，有一位猶太教長老酷愛打高爾夫球。在一個安息日，這位長老突然覺得很想打高爾夫球。按照猶太教的規定，信徒在安息日必須休息，不能做任何事情。但是，這位長老實在忍受不住，決定偷偷地去高爾夫球場。

來到高爾夫球場，空曠的球場上一個人也沒有。長老高興地想：反正也沒人看見我在打高爾夫球，我只要打九個洞就回去，應該沒什麼問題吧！

於是，長老高興地開始打球了。他剛打第二洞，就被天使發現了。天使非常生氣，就到上帝面前去告狀，要求上帝懲罰這位長老。

上帝答應天使要懲罰長老。

這時，長老正在打第三洞。只見他輕輕地一揮球桿，球就進洞了。這一球是多麼完美，長老高興極了！

天使默默地注視著這一切。令她意外的是，接下來的幾個球，長老都是一桿就打進去了。天使非常不解，而且非常生氣。她又跑到上帝面前說：「上帝呀，你不是要懲罰這位長老嗎？怎麼不懲罰他呢？」

上帝說：「我已經在懲罰他了！」

天使看了看長老，只見極度興奮的長老，早已忘記自己只打九洞的計劃，決定再打九洞。天使不解地問上帝：「我怎麼沒見您在懲罰他？」上帝笑而不語。

這位長老又打完了九洞，每次都是一桿就進洞，長老心裡很高興，但是，不一會兒，他就露出了不悅的表情。

上帝語重心長地對天使說：「你看見了嗎？他取得了這麼優秀的成績，心裡十分高興，但是，他卻不能跟任何人講這件事情，不能跟任何人分享心中的愉悅，這不是對他最好的懲罰嗎？」

天使這才恍然大悟。

分享是一種美德，更是一種快樂。蕭伯納曾，經說過：「你有一個蘋果，我有一個蘋果，彼此交換，每個人只有一個蘋果。你有一種思想，我有一種思想，彼此交換，每個人就有了兩種思想。」分享能夠讓人減少痛苦，獲得快樂。一個人在生活中需要與人分享自己的痛苦和快樂，沒有分享，他的人生就是一種懲罰。

在社會交往的過程中，擁有與人分享的良好心態，才能得到他人的幫助。朋友，把你的快樂和幸福和別人分享吧，你分給別人的快樂越多，你獲得的快樂越多。

放鬆心情，輕裝上陣

在生活中，如果我們不能捨棄當下思考的直覺過程，屈就才智，生活則顯得枯燥單調、缺乏效率且無趣煩悶。當我們放鬆心情，輕裝上陣時，那麼一旦情況需要，所有的技巧便能自然湧現。

凱茵被網球俱樂部的莎莉擊敗時，滿是驚嚇與羞愧，其實莎莉根本就不是她的對手。凱茵是個實力很強的運動員，不論是游泳或衝浪，都表現得比同齡選手傑出。而在網球方面，更是佼佼者。上一年她贏得了好幾個比賽冠軍，可說是風光的一年。但諷刺的是，她當時並沒有全力以赴，反而以「輕鬆打」的心態居多。

上次過生日，凱茵用塔羅牌占卜流年運勢，知道自己將會有個「好運旺旺的一年」。因此，凱茵這麼想著：上一年我只不過是隨便打打，就有這麼好的成績，要是我開始加倍努力、勤奮練習、全心投入，那還得了？換句話說，凱因認為自己在這一年的網球賽裡穩操勝算。

於是凱茵找出所有網球錄影帶和相關書籍，加強技巧，並且她將原來在比賽前一晚喝點小酒的習慣也改了。她吃得更健康，以保持最佳狀態。

以往，她總在年度大賽的最後一晚放鬆心情，但這回，她把唸書時準備期末考試的那股拚勁拿來打網球。

比賽那天，凱因信心滿滿：「我一定可以把對手打得灰頭土臉」。

然而，比賽中，凱因一直試圖想起書中的重點，現學現用，可是不知怎麼的，總是會慢了一步，腦子裡盡想「我表現得如何？」她全身緊繃，一點也沒法輕鬆快樂地打球。最後，她輸給了實力不及自己的莎莉，後來，凱茵突然自悟：「當我喜歡自己的表現而且不把它看得那麼嚴肅，也不要刻意去分析每一個揮拍反擊的動作時，我的成績通常比較好。原來這就是所謂的把心放在球場打球。」

凱因學到了一個寶貴的經驗：如果在打球時，想的儘是運球動作和球技分析，就很容易犯規、表現呆板，且對敵手的回擊缺乏應變力。除此之外，凱茵領悟到人生不也是如此？

我們時時刻刻在進行思考、但其本質卻持續變動。當思想變嚴謹、條理化、過於刻意時，自然呈現出因循守舊、按部就班的行為模式：當我們在分析一切思想，那就好像我們在企圖思考。反之，當我們心智沒有負擔，除了讓意念自由遊走別無所求時，這種放鬆的當下，正確性思考就會在我們需要它的時候不請自來。

而在現實生活中，終日煩惱的人，實際上並不是遭遇了多大的不幸，而是根源於煩惱者的內心世界。因此，當煩惱降臨的時候，我們既不要怨天尤人，也不要自暴自棄，要學會給心靈鬆綁，從心理上調適自己，避免煩惱成心病。

停止抱怨，肯定自己才會快樂

人在翻過了千山萬水後，發現自己雖然滿腳的泥濘，可是卻聞到了滿身的花香。那麼，你又何必去抱怨自己所吃的苦、所受的傷呢？走完一段泥濘的路後，再回過頭去看看我們走過的每一個足跡，你就能在深深淺淺的足跡中尋找到令你值得記憶的故事。

飛蛾在玩耍的時候看到了一隻漂亮的蝴蝶，牠們都非常喜歡蝴蝶，還熱情的邀請她一起玩。回家後，小飛蛾向母親抱怨說：「為什麼我們就不能像蝴蝶一樣有著美麗的外表呢？你看，人們總是比較喜愛它們，這真是不公平。」

飛蛾媽媽充滿憐愛地對它說：「親愛的孩子啊，在整個大自然生態之中，我們扮演的角色十分重要，我們所擔負的責任，也不是其他生物可以取代的。我們多半是在夜間活動，那些夜晚開花的植物，需要靠我們傳播花粉，所以美麗的外衣對我們並不重要，重要的是我們盡了自己的職責，對整個大自然有所貢獻，你應該為此感到驕傲才對呀！」

享受自己的生活，不要與別人作比較。有些事情雖然無法改變，但你可以改變自己的心態。如果總是羨慕別人、看輕自己，那麼人生將是何等乏味與痛苦。能樂於接受自己、肯定自己的人，才會得到快樂。

一天，百獸之王的老虎來到了天神面前：「我很感謝你賜給我如此雄壯威武的體格，如此強大無比的力氣，讓我有足夠的能力統治這整座森林。」

天神聽了，微笑地問：「但這不是你今天來找我的目的吧！看起來你似乎正為一件難以解決的事而困擾。」

老虎輕輕哼了一聲，說：「天神真是了解我啊！我今天來的確是有事相求。因為儘管我的力量再大，但是每天雞鳴的時候，我總是會被牠的鳴叫給嚇醒。神啊！祈求您，再賜給我一些力量，讓我不再被鳴叫聲給嚇醒吧！」

天神笑道：「你去找大象吧，它會給你一個滿意的答覆。」老虎興沖沖地跑到湖邊找大象，還沒見到大象，就聽到大象跺腳所發出的「砰砰砰」地響聲。老虎問大象：「你幹嘛發這麼大的脾氣？」

大象拚命搖晃著大耳朵，吼著：「有隻討厭的小蚊子，總是鑽進我的耳朵裡，害我都快癢死了。」老虎心裡暗自想到：原來體型這麼巨大的大象，還會怕那麼細小的蚊子，那我還有什麼好抱怨呢？畢竟雞鳴也不過一天一次，而蚊子卻是無時無刻地騷擾著大象。這樣想來，我可比牠幸運多了。

老虎一邊走，一邊回頭看著仍在跺腳的大象，心想：天神要我來看看大象，應該就是想告訴我，誰都會遇上麻煩事，而祂並不是可以幫助所有人。既然如此，那我只好靠自己了！反正以後只要雞鳴時，我就當做雞是在提醒我該起床了，如此一想，雞鳴聲對我還算是有益處的。

在漫長的人生道路上，不如意之事十有八九。如果我們因為這種種不稱心的事情而心灰意冷，備受煎熬，那麼人生還有什麼滋味可言呢？既然不可避免的事實已擺放在你的面前，你就得放寬心胸，坦然的去接受。

養成幸福快樂的習慣

幸福快樂的祕密在每個人的心中，每個人都具備使自己幸福快樂的資源，只是許多人沒有把這些快樂幸福資源用好而已。

在我們的生活中，為什麼有的人很幸福，而有的人卻很痛苦呢？有的人即使大富大貴了，別人看他很幸福，可他自己卻身在福中不知福，心裡老覺得不快樂；有的人，別人看他離幸福很遠，但他自己卻時時與快樂邂逅。這其中的根本原因就在於一個人是具有積極心態的「心眼」，還是具有消極心態的「心眼」。

心理學理論告訴我們：人以為自己處於某種狀態，他就會不自覺地順從於這種狀態，這種狀態就會愈發明顯。

比如有些小孩本來不難過，但一哭起來，卻越哭越傷心，就是這個道理。

當你認為自己很可憐很不幸，讓痛苦爬滿額頭，你的生活就會真的很痛苦；如果你相信自己很快樂很幸福，並且快樂幸福地去生活，那麼你的生活也就真的會很快樂很幸福。幸福的源泉就在你心中，它取之不盡，用之不竭。

期望獲得幸福者應採取積極的心態，這樣幸福就會被吸引到他們身邊。而那些態度消極的人不僅不會吸引幸福，相反還會排斥幸福，當幸福悄然降臨到他們身邊時，他們可能毫無覺察，絲毫體會不到幸福的感覺。

那麼，如何培養幸福的心態呢？

讓快樂成為一種習慣

人們之所以會製造自己的不幸，其主要原因多半是由於自己心中存有習慣性的不幸想法所致。例如總是認為一切事情都糟透了，別人擁有非分之財，我卻沒有得到應得的報酬等等消極的情緒。

此外，不幸的想法往往會把一切怨恨、頹喪或憎惡的情緒深深地刻畫在自己的心底，於是感覺不幸變得愈加沉重。而當喜訊降臨時，他們會說：「這樣快樂是不對的。」因為他們已經十分習慣往日的憂鬱與悲傷，反而不習慣幸福與快樂的心情。他們依然沉緬在以前那些沮喪、悲傷及不愉快的心境。

墨菲博士指出：「如果你希望幸福快樂，重點在於你必須真誠地渴望幸福快樂。」

有一名農夫似乎時時刻刻都在唱歌、吹口哨，並且充滿幽默感。有人問他，他的快樂祕訣究竟是什麼，他的回答是這樣的：「快快樂樂，是我的習慣。」

我們敢說，這位農夫同大多數人並沒有太大的不同，只是他快樂成為了一種習慣，而感覺不到幸福之人的習慣卻是無休無止地抱怨。

因此，如果你想獲得幸福，首先要養成幸福的習慣。在內心微笑，並使這種感覺成為你的一部分。同時為自己創造一個幸福世界，盼望著每一天的到來。即使有時烏雲會遮住了陽光，那也是暫時性的，不久仍然還會晴空萬里。

當問題來臨時，與其坐在那冥思苦想，怨天怨地，不如煥發精神一面吹著口哨，一面尋求解決問題的方法。

養成快樂的習慣，還要學會開懷大笑。有太多的人已經忘掉如何開懷大笑，有時甚至忘了以前是否這樣笑過。

開懷大笑能給人以輕鬆自在的感覺。真正的開懷大笑，能洗滌你心中的雜念。它是你的成功本能的一部分，能夠使你迅速接近生活中的勝利。如果你從十歲起就不曾笑過，那麼，趕快回到你腦海中的學校，重新學習你永遠不應該忘記的某件事情。

有時候，當你對某件失敗的事情感到沮喪時，不妨想想過去的成就，以及發生在別人身上的一些有趣的事，再把頭往後仰起——不要害怕——然後哈哈大笑，把你的全部感情投入笑聲中，或許你會覺得好過些。

心中想到幸福眼前就會充滿幸福

金錢是好東西，但金錢並不能買到幸福，沒有錢的你一樣可以獲得快樂。只要你想獲得快樂，你便會發現整個世界充滿了幸福——你將會享受早餐的每一口，享受清晨的風帶給你的神清氣爽。

如果天正下雨，你會去買把雨傘，從簡單的開傘與合傘動作中獲得樂趣，並且欣賞它的機械功能，如同一個小孩子在玩一個玩具一樣。

在我們這個不完美的世界裡，也有很多美好的事物，關鍵是你要用尋求滿足的眼光去看。史蒂文生在詩中寫到：「這個世界多彩多姿，我深信，我們應該快樂如君王。」

每一個人都可以做快樂的君王，但是在通往幸福的道路上不可能是一帆風順的，阻礙是一定會有的。如果你要抱怨的話，你應該想想自己有沒有資格去抱怨。我想這個世界上最有資格抱怨的應當是海倫．凱勒了。她一生下來便失去了聽、說、看的能力，世上所有的不幸似乎全都降臨到她一個人的身上，她失去了與周圍人進行正常交際的能力，只有她的觸覺幫助她把手伸向別人，體驗愛人與被愛的幸福。但是她卻說：「這個世界真美好。」

如果你喜歡對自己說：

「事情進行得不順利。」

「我總是這樣不順。」

「倒楣的事為什麼總落在我頭上。」

如此一來，你一定會變得「不幸」。相反地，如果常對自己說：

「事情進行得非常順利。」

「生活也相當舒適。」

「我的生活真幸福。」

這樣一來，你將得到自己所選擇的幸福，所謂幸福的感覺完全在於自己的心態。

有人說兒童是幸福的專家，成年人每每羨慕他們的天真無邪，無憂無慮。那麼，我們成年人為什麼不能像兒童那樣，雖然無法天真，但卻可以選擇無邪、無憂、無慮，如果我們能學會兒童這種特有的幸福精神，我們的精神就不會衰老、遲鈍或疲倦，我們就會永保幸福。

消除悲觀消極的思想

如果有一群蚊子闖入你的家中，你肯定要想盡辦法驅除它們，絕對不會同意牠們與你同住，吸你的血，騷擾你的安寧。消極思想如悲觀、恐懼、憂慮、憎恨等虛幻的心理就如同蚊子一樣必須從你的大腦中驅除，你才會感到舒適、幸福。

就像人可以透過美容手術來獲得外表的美麗一樣，人也可以用樂觀積極的思想取代頭腦中的憂慮、恐懼、憎恨等悲觀消極的思想，以獲得幸福的人生。

美國前任總統艾森豪威爾每遇壓力，就以打高爾夫球來鬆弛緊張的情緒；著名畫家摩西婆婆活了一百多歲，她在八十多歲時才決定以繪畫作為消遣。

消除悲觀消極的思想，不妨從以下幾方面做做：

①做事可以令你感到快樂——只要你選擇自己喜歡的活動，並且不是為了獲取別人的稱讚才這樣做。沒有人能夠告訴你做什麼，只有你自己喜歡什麼就做什麼。

②不要讓不實際的憂慮侵蝕了你。當消極思想侵入你腦中時，即刻向它們宣戰。問問你自己，為什麼擁有天賦幸福權利的你，卻必須在清醒時刻受到恐懼、憂慮與怨恨的苦惱。向這些狡詐的邪惡思想宣戰，並要戰勝它們。

③強化你的自我心像，想像自己正處於最佳的狀態中，並對自己稍加讚賞。同時想想你以前的快樂時光與引以自豪之處。幻想將來愉快的經驗，重視你自己。這些對於消除悲觀消極的思想都有一定的作用。

如果你希望生活得幸福快樂，首先要真誠地渴望幸福快樂，就這麼簡單。

讓幽默把事情變得簡單快樂

幽默是樂觀地面對人生的態度，它是對自己的尊重，也是對生命的尊重，雖然有時它只是那麼幾句簡單的話而已。但是請你記住，在生活的每一天都要用快樂來充實自己。

一位教授到餐廳就餐，發現啤酒杯中有一隻蒼蠅，他對服務生說：「以後請將啤酒和蒼蠅分別置放，由喜歡蒼蠅的客人自己將蒼蠅放在啤酒裡，你覺得怎麼樣？」教授的幽默除去了常人的不快和惱怒，使生活變得輕快寬鬆。

一位年輕的士兵在宴會上斟酒時不慎將酒潑到一位將軍的禿頭上，頓時，士兵悚然，全場寂靜，這位將軍卻悠悠然，他輕撫士兵的肩頭，說：「兄弟，你認為這種治療有用嗎？」會場立即爆發出笑聲，人們繃緊了的心弦鬆弛了下來。

如此可見，幽默是一種生活中不可或缺的緩解緊張狀況的輕鬆劑。知道運用它的人可以將事情變得簡單一些、快樂一些。

如今，人們的生活、工作節奏加快，每天神經繃得很緊，如果下班回家，朋友相處，來上一兩句幽默，或說件愉快的見聞，疲勞和煩惱就會煙消雲散，人便感到一身輕鬆。幽默屬於熱愛生活、奮發向上、充滿自信的人。生活需要幽默，如同需要春風、需要時雨、需要甜蜜、需要笑臉一樣。人與人之間有了幽默就不至於生澀，而且常常可以使感情昇華。試著讓你的生活中少一點驕陽炙人的訓誡，多一點春風宜人的幽默吧！

享受陽光燦爛的微笑

微笑是一片花瓣，能給人以美麗芳芬；微笑是一朵浪花，使生活流淌歡暢；微笑是一串音符，能讓你的人際優美和諧。

沒有什麼東西能比一個陽光燦爛的微笑更能打動人的了。微笑具有著神奇的魔力，蘊含著震撼人心的力量，她能夠化解人與人之間的堅冰；微笑也是你身心健康和家庭幸福的標誌。

非洲的一座火山爆發後，隨之而來的土石流狂瀉而下，迅速流向坐落在山腳下不遠處的一個小村莊。農舍、良田、樹木，一切的一切都沒有躲過被毀的劫難。滾滾而來的土石流驚醒了睡夢中的一位十四歲的小女孩。流進屋內的土石流已上升到她的頸部。小女孩只露出雙臂、頸和頭部。及時趕到的營救人員圍著她一籌莫展。因為對於遍體鱗傷的她來講，每一次拉扯無疑是一種更大的肉體傷害。此刻房屋早已倒塌，她的雙親也被土石流奪去了生命，她是村裡為數不多的倖存者之一。當記者把攝影機對準她時，她始終沒叫一個「疼」字，而是咬著牙微笑著，不停地向營救人員揮手致謝，兩手臂做出表示勝利的「V」字形。她堅信政府派來的救援部隊一定能救她。可是營救人員最終也沒能從固若金湯的土石流中救出她。而她卻始終微笑著揮著手，直到一點一點地被土石流所淹沒。

在生命的最後一刻，她臉上沒有一點痛苦失望的表情，反而洋溢著微笑，而且手臂一直保持著「V」字形狀。那一刻彷彿延伸一個世紀，在場的人含淚目睹了這莊嚴而又悲慘的一幕，心裡都充滿了悲傷。世界靜極，只見靈魂獨舞。

死神可以奪去人的生命，卻永遠奪不去在生死關頭那個「V」字所蘊含的精神。在人生的道路上，挫折、困難甚至絕境是避免不了的，最重要的是要坦然面對，自信自強，讓靈魂始終微笑，高舉那面叫做自信的勝利之旗。因為穿透靈魂的微笑，常常在生命邊緣蘊含著震撼世界的力量，讓人生所有的苦難如輕煙一般飄散。

無論你在什麼地方，無論你在做什麼，在人與人之間，要長個「心眼」，記住：簡單的一個微笑是一種最為普及的語言，她能夠消除人與人之間的隔閡。人與人之間的最短距離是一個可以分享的微笑，即使是你一個人微笑，也可以使你和自己的心靈進行交流和撫慰。

一旦你學會了陽光燦爛的微笑，就會發現，你的生活從此會變得更加輕鬆，而人們也喜歡享受你那陽光燦爛的微笑。

美國旅館大王希爾頓於一九一九年把父親留給他的一萬二千美元連同自己掙來的幾千美元投資出去，開始了他雄心勃勃的經營旅館的生涯。當他的資產奇蹟般地增值到幾千萬美元的時候，他欣喜而自豪地把這一成就告訴了母親。出乎意料的是，他的母親淡然地說：「依我看，你和以前根本沒有什麼兩樣……事實上你必須掌握比五千一百萬美元更值錢的東西：除了對顧客誠實之外，還要想辦法使來希爾頓旅館的人住過了還想再來住，你要想出這樣一種簡單、容易、不花本錢而行之久遠的辦法去吸引顧客。這樣你的旅館才有前途。」

經過了長時間的迷惘和摸索，希爾頓找到了具備母親說的「簡單、容易、不花本錢而行之久遠」四個條件的東西，那就是：微笑服務。

這一經營策略使希爾頓大獲成功，他每天對服務生說的第一句話就是「你對顧客微笑了沒有？」即使是在最困難的經濟蕭條時期，他也經常提醒員工們記住：「萬萬不可把我們心裡的愁雲擺在臉上，無論旅館本身遭受的困難如何，希爾頓旅館服務生臉上的微笑永遠是屬於旅客的陽光。」就這樣，他們度過了最艱難的經濟蕭條時期，迎來了希爾頓旅館業的黃金時代。

經營旅館業如此，其他行業又何嘗不是呢？生活中遇到的一切煩惱，又何嘗不能用你的微笑化解呢？

所以，不論你現在從事什麼工作，在什麼地方，也不論你目前遇到了多麼嚴重的困境，甚至你的人生遭遇了前所未有的打擊，用你的微笑去面對它們，面對一切，那麼一切都會在你的微笑前低頭。

微笑，永遠是我們生活中的陽光雨露。

那麼，我們如何才能學會微笑，掌握這個化解人與人之間堅冰的微笑呢？

①你要相信自己的微笑是世界上最美麗的微笑。

②讓那些能夠給你帶來輕鬆愉快的事情圍繞著你。

③在辦公室裡的顯眼位置上，擺放假日裡令你難忘的照片。比如，你家裡的小狗，正經八百地戴著一副眼鏡，裝模作樣地打量著鏡頭。這些照片，可以使你從日常緊張的工作中得到片刻的休息。

④盡量消除或減少一些負面消息對你的影響。了解世界上所發生的一些新聞是重要的，但不必要每天都是如此。

⑤每天，在你的周圍，去努力尋找那些幽默和歡樂的事情。即使你遇到了交通堵塞，在你等待的這段時間裡，你不妨想像自己正在出演一部電視劇，你是劇中的一個人物，遇到了這件事。類似的練習可以使歡樂取代壓力。

最後，也是最為重要的一點，要給自己留個對自己微笑的「心眼」。記住一點，微笑不是僅僅為了別人，更是為了自己。

第二章
控制自己，做情緒的主人

上帝要毀滅一個人，必先使他瘋狂，因此我們必須學會控制自己，做自己情緒的主人，讓他為我們服務。

遠離偏激的心理

性格和情緒上的偏激，是一種心理疾病，是為人處世的一個不可小視的缺陷。它的產生源於知識上的極端貧乏，見識上的孤陋寡聞，社交上的自我封閉意識，思維上的主觀唯心主義等等。這種性格上的缺陷常常讓人們率性而為，將精力投入到毫無意義的事情上，離成功越來越遠。因此我們只有善於克制這種缺陷，才能蓄勢待發。

一個人有主見，有頭腦，不隨人俯仰，不與世沉浮，這無疑是值得稱道的好特質。但是，這還要以不固執己見，不偏激執拗為前提。無論做什麼事情，頭腦裡都應當多一點辯證觀點。死守一隅，坐井觀天，把自己的偏見當成真理至死不悟，這無論是對自己還是對待他人，都沒有一點益處。如果不認真糾正這種「關羽遺風」，就很有可能會使自己誤入人生的「麥城」而轉不出身來，最後將與成功背道而馳。

三國時代，漢壽亭侯關羽，過五關、斬六將，單刀赴會，水淹七軍，是何等的英雄氣概。可是他致命的弱點就是不善於克制，固執偏激。當他受劉備重託留守荊州時，諸葛亮再三叮囑他要「北拒曹操，南和孫權」，他不以為然。不久吳主孫權派人來見關羽，為兒子求婚，關羽一聽大怒，喝到：「吾虎女何肯嫁犬子乎！」這本來是一次很好的「南和孫權」的機會，卻鬧得孫權沒臉下臺，導致了吳蜀聯盟的破裂。最後刀兵相見，關羽也落個敗走麥城、被俘身亡的下場。關羽不但看不起對手，也不把同僚放在眼裡，名將馬超來降，被封為平西將軍，遠在荊州的關羽大為不滿，特地給諸葛亮去信，責問說：「馬超的才能比得上誰？」老將黃忠被封為後將軍，關羽又當眾宣稱：「大丈夫終不與老兵同列！」目空一切，氣量狹小，盛氣凌人，其他的人就更不在他的眼裡，一些受過他蔑視甚至侮辱的將領對他既怕又恨，以至於當他陷入絕境時，眾叛親離，無人援救，促使他迅速走向滅亡。

現實生活中，像關羽這樣的個人英雄還是不少的，然而隨著競爭力度的加大，市場競爭已經超出個人能力的單打獨鬥，取而代之的是團隊精神的較量。因此，只有正確看待別人的人才能立足於能精誠團結的團隊，才能共同進步，從而成就一番事業。

人們常常把那些頭腦不開竅、認死理的人稱作性格和情緒上的偏激。在很多時候造成這種偏激的原因是對事物持有的某種觀點和信念，而這種觀點和信念其實並不符合客觀事實或與邏輯推論相違背。嚴重的偏見會給我們的生活帶來不必要的困擾，還會阻礙我們的進步和發展。其實，走出這種偏激再容易不過，只需要變個方向就行。無論對人對事都要用發展的眼光去看，他以前錯過，不等於他永遠都錯，他以前對過，不等於他永遠都對。但是，只這一點便難倒了許多人，無數人都是在碰了壁後才知道回頭，但大多已為時過晚。

不要讓仇恨心理扼殺了你

很多人都說過，世上最可怕的不是搶劫，不是殺戮，不是死刑，而是人與人之間相互憎恨的情感，可怕的是人的仇恨心理。的確，仇恨作為最黑暗邪惡的一種情感，它破壞了人與人之間的關係，摧毀了我們的社會，葬送了不可勝數的生命，也吞噬了我們的健康。

一個年輕人在一家酒館暢快地痛飲著，好像一天要把一生的酒都喝光似的。酒館服務生有些不安，就試探著問他：「先生，您喝了這麼多酒啊？」

年輕人很解氣地說：「我今天要喝個痛快，一會兒我要做一件積壓在心裡很久的事。」服務生不解地問：「什麼事兒啊？」

「我天生駝背，有一個十分討厭的傢伙，每次遇到我都會在我背上重重地拍一巴掌，這讓我感覺很不舒服。我告訴過他很多次了，別這麼做，可他就是不聽。現在，我已經在自己的後背上暗藏了一個炸藥包，過會兒，我就要去找他，等他再拍我的時候，肯定會把手炸個稀巴爛！」他很解氣地說。

服務生嚇得目瞪口呆：「啊！那你不是也被炸死了嗎？」

「無所謂，只要能看到他的手炸得稀巴爛，我比什麼都高興。」

看了上面的故事，也許你會笑他愚蠢之極。不過回過頭來想一想，自己是否也常常作出這種傷人又害己的事情呢？當你在受到外界或他人的傷害後或者外界滿足不了自己的某種欲望時，你的心中是否也曾產生這樣一種報復心理呢？仇恨就像一把雙刃劍，在刺傷別人的同時，也會傷到自己。

報復心理是指以幻想甚至計劃以攻擊的方式，對那些曾給自己帶來傷害或不愉快的人發泄不滿的一種心態。

在日常生活中，有兩種人容易產生報復心態。一種是「悶罐子」型，這類人往往心胸狹窄、嫉妒心強，遇到挫折後，對領導、同事產生敵對情緒和報復行為。另一種是「炮筒子」型，這類人遇事激動，脾氣火暴，性情急躁，凡事急急匆匆，爭強好勝，容易動火，遇事不能冷靜下來，易產生過激的報復心態。

產生報復心理的原因很多，主要有以下幾個方面：

①在個人的物質、精神需要得不到滿足、又不能正確對待時容易產生。

②在遭到主管、朋友、家人及親屬的善意批評時，認為是某人和他「過不去」，產生報復心態並實施報復手段。

③在婚戀生活出現問題，尤其是相戀了許多年，花了大量錢財後，戀愛對象提出分手，就感到被矇騙、被耍弄、被拋棄，憤怒的情緒難以排解時就會產生強烈的報復之心。

④在與別人發生矛盾時，不能正確對待，用犯罪手段發泄、報復他人。

⑤在遭遇不公正對待或遭遇突發事件而承受不住打擊。

⑥在朋友遇「難」需要「兩肋插刀」，出於哥兒們義氣，或親人受辱，不靠組織解決問題，用暴力為朋友、親人討回「公道」。

仇恨是人性中的一處心理死結。它就像盤踞在心靈上面的一條毒蛇，當人能控制它時，它就不會帶來危害，可一旦它失去控制，就會給人帶來致命的傷害。

報復心理是走向犯罪深淵的根源

人的行為都是由意識所支配的，意識的產生是人類深思熟慮的昇華所在。報復心理發展到不可控制的地步，常常會失去理智，導致犯罪。下場是極其可悲的。

英國哲學家培根說：運用違法手段報復他人，將使你的仇人占兩次便宜。第一次是他冒犯你之時，第二次是你因為報復他而被懲罰時。儘管培根所說的報復行為與我們所說的報復行為有所不同，但我們仍可以從中悟出一個道理，那就是以違法行為實施報復者必然自食其果。

報復心態是影響人身心健康的根源

當一個人的心理積累了過多戾氣，他就會變得身體僵硬，做事偏激，易怒，卻又膽小，氣息虛弱，思維混亂，精神緊張而缺乏安全感。人是一個身心健康不可分離的整體，對於一個健康的個體來講，也應該同時兼顧這方面。心理是人類行為的主宰，只有健康的心理才能導致健康的行為，才能擁有一個幸福，充滿人性的人生。所以，一個明智的人，都應該選擇一條通往心理健康之路。

在生活中，人們總會遇到很多不如意的事，或是與人發生矛盾，難免有「以其人之道還治其人之身」的心理。但這樣做不但不會給自己帶來好處，很可能觸犯法律，引起悲劇。同時，報復心態對健康也有百害而無一利。怎麼樣消除自己的報復心態呢？

拓展視野，增長見識

俗話說，壺小易熱，量小易怒。一個見多識廣的人，不會為眼前的得失而感到迷惑和憤怒，也不會為了生活中的小事而激動。把時間多花在增長見識上，就不會把別人對自己的偏見與評價放在心上，自然也就消除了報復心態。

用寬容淡化仇恨

釋迦牟尼說：「以恨對恨，恨永遠存在，以愛對恨，恨自然消失。」當仇恨充斥著你內心的時候，你應該懂得用寬容去化解一切怨恨，讓大家都生存在寬容的陽光和清風下。

學會換位思考

在人際交往中，不可能沒有利害衝突。我們在遭受挫折或不愉快時，不妨進行一下心理換位，將自己置身於對方的境遇之中，想想自己會怎麼辦。只有設身處地，以心換心，才能真正理解人，從而摒棄報復心理。

多考慮報復的危害性

當想要報復他人的時候要先想想：從報復行為中體會到一時的「解恨」和給報復對象造成危害時，自己會不會得到對方更大的反報復？會不會受到社會輿論的譴責？會不會觸犯刑律？須知，欲加害於他人的人，最終多半是害了自己。

每個人受到傷害以後，都會想方設法減輕自己的痛苦，這是人的生存本能，無可厚非。可是，把自己的痛苦加倍放大，然後轉嫁到別人身上去的報復心理是極端有害的，這樣既無法撈回自己所受的損失，甚至還會賠上自己的健康、幸福和生命。所以，我們必須消除這種不健康的心理，透過加強自身修養、開闊心胸、提高自制能力，讓自己在陽光雨露下生活。

控制自己，掌握人生

在成功的路上，很多人的失敗其實並不是缺少機會，或是資歷淺，而是缺乏對自己情緒的控制。憤怒時，不能遏制怒火，使周圍的合作者望而卻步；消沉時，放縱自己的委靡，把許多稍縱即逝的機會白白浪費。

上帝要毀滅一個人，必先使他瘋狂，因此我們必須學會控制自己，才能掌握人生。

富蘭克林的侄子是波特一個聰明的年輕人，很想在一切方面都比他身邊的人強，他尤其想成為一名大學問家。可是，許多年過去了，波特的其他方面都不錯，學業卻沒有長進。他很苦惱，就去向富蘭克林求教。

富蘭克林想了想說：「咱們去登山吧，到山頂你就知道該如何做了。」

那山上有許多晶瑩的小石頭，煞是迷人。每見到波特喜歡的石頭，富蘭克林就讓他裝進袋子裡背著。很快，波特就吃不消了。

「叔叔，再背，別說到山頂了，恐怕連動也不能動了。」他疑惑地望著叔叔。

「是呀，那該怎麼辦呢？」富蘭克林微微一笑。

「該放下。」

「那為什麼不放下呢？背著石頭怎麼能登山呢？」富蘭克林笑了。

波特一愣，頓時明白了。他向叔叔道了謝就走了。

從此，波特再也不沉迷於遊戲了，一心做學問，進步飛快，終於成就了自己的事業。

其實，人要有所得必要有所失，只有學會放棄，才有可能登上人生的極致高峰。

一個人要成就大的事業，不能隨心所欲、感情用事，對自己的言行應有所克制，這樣才能使略略的錯誤、缺點得到抑制，不致鑄成大錯。哪怕是對自己的一點小克制，也會使人變得強而有力。德國詩人歌德說：「誰若遊戲人生，他就一事無成，不能主宰自己，永遠是一個奴隸。」要主宰自己，必須對自己有所約束，有所克制。

自制能力是在日常生活中和工作中善於控制自己情緒和約束自己言行的一種能力。一個意志堅強的人是能夠自覺控制和調節自己言行的。如果一輛汽車光有發動機而沒有方向盤和剎車的調節，汽車就會失去控制，不能避開路上的各種障礙，就有撞車的危險。一個想要有所成就的人如果缺乏自制就就等於失去了方向盤和剎車，必然會「越軌」或「出格」，甚至「撞車」、「翻車」。一個人在完成自己的工作過程中，必然要接觸各種各樣的人，處理各種各樣複雜的事，其中有順心的，也有不順心的；有順利的，也有不順利的；有成功的，也有失敗的；如缺乏自制能力，放任不羈，勢必搞壞關係，影響團結，挫傷積極性，甚至因小失大，鑄成大錯，後悔莫及。這樣，當然很難把車馳到目的地了。因此，必須善於克制自己，不使自己的言行出格。

怎樣才能培養自己過人的自制力呢？

盡量保持理智

對事物認識越正確，越深刻，自制能力就越強。比如，有的人遇到不稱心的事，動輒發脾氣，訓斥謾罵，而有的人卻能冷靜對待，循循善誘以理服人。為什麼呢？古希臘數學家畢達哥拉斯說：「憤怒以愚蠢開始，以後悔告終。」所以對自己的言行失去控制，最根本的就是對這種粗暴作風的危害性缺乏深刻的認識，因而對自己的感情和言行失去了控制，造成了不良影響。

法國著名作家小仲馬有過這樣一段經歷，他年輕時愛上了巴黎名妓瑪麗．杜普萊西。瑪麗原是個農家女，為生活所迫，不幸淪為娼妓。小仲馬為她嬌媚的容顏所傾倒，想把她從墮落的生活中拯救出來，可她每年的開銷要十五萬法郎，光為了給她買禮品及各種零星花費，他就借了五萬法郎的債。他發現自己已面臨可能毀滅的深淵，理智終於戰勝了感情，他當機立斷，給瑪麗寫了絕交信，結束了和她的交往。後來，小仲馬根據瑪麗的身世寫了一部小說——《茶花女》，轟動了巴黎，小仲馬也因此一舉成名。理智使小仲馬產生了自制能力，使他懸崖勒馬，戰勝了感情的羈絆。

培養堅強的意志

教育家馬卡連柯說過：「堅強的意志——這不但是想什麼就獲得什麼的本事，也是迫使自己在必要的時候放棄什麼的本事。……沒有制動器就不可能有汽車，而沒有克制也就不可能有任何意志。」因此，反過來也可以說，沒有堅強的意志就沒有自制能力。堅強的意志是自制能力的支柱。意志薄弱的人，就好像失靈的閘門，對自己的言行不可能起調節和控製作用。

用毅力控制愛好

一個人下棋入了迷，打牌、看電視入了迷，都可能影響工作和學習。毅力，可以幫助你控制自己，果斷地決定取捨。毅力，是自制能力果斷性和堅持性的表現。蘇寧是一個自制能力極強的人，他在自學大學課程時，為自己安排了嚴格的時間表：每天早飯後自學各門功課；午飯後學習；晚飯後適當休息一下再讀書。他過去最喜歡滑冰，但考慮到滑冰比較疲勞，使人想睡覺，影響學習，就果斷地不滑了。他本來喜歡下棋，一下起來就人了迷，難分難捨，後來感到太費時間了，又毅然戒了棋。滑冰、下棋看來都是小事，是個人的一些愛好，但要控制這種愛好，沒有毅然決然的果斷性就辦不到。常常遇到這樣一些人，嘴上說要戒菸，但戒了沒幾天就又開始抽了。什麼原因呢？主要就是缺乏毅力。沒有毅力，就沒有果斷性和堅持性，自制的效率就不高。可見，要具有強有力的自制能力，必須伴以頑強的毅力。

在生活中，我們感覺周圍的事物，形成我們的觀念，作為我們的評價，以及相應地判斷、決策等，無一不是透過我們的心理世界來進行，只要是經由主觀的心理世界來認識和觀察事物，就不可避免地會使我們對事物的認識和判斷產生偏差，受到非理性因素的干擾和影響。即使是煩瑣小事，投射到我們的心靈世界裡時，就可能變得極其複雜和豐富。

在這個世界上，影響我們認知準確性的因素很多，如知識、經驗的侷限，認知觀念的偏差，感官的限制等。其中，影響最大的因素是情緒的介入和干擾。

重視情商的力量

高情商者與低情商者的一個重要的區別，就在於高情商者要比低情者更善於處理情感問題。因而，情商的一個重要組成部分就是處理情感的能力。

富蘭克林曾經說過，任何人生氣都是有理由的，但很少有令人信服的理由。高情商的人善於控制自己的情緒，任何時候都能做到頭腦冷靜、行為理智，能夠很好地控制自己的感情衝動，克制自己急切的欲望，同時，又能夠及時排除自己心中的不良情緒，使自己始終保持一種良好的心境，心情開朗，胸懷豁達，心理健康。

在生活中，人不可能事事順心，肯定有許多這樣那樣的不如意的地方，在這個時候，人就很容易被觸怒、大動肝火，甚至大發脾氣。其實，我們可能都清楚，發脾氣並不能解決任何問題，甚至有可能使本來簡單的問題更加複雜化。所以，這個時候如果我們是高情商者，就可以透過控制自己的情緒給不好的東西一個合情合理的解釋，保持自己的頭腦冷靜，就可以壓抑自己激動的情緒，使自己的心情一直處於一種藍天般的開朗狀態。

情商概念的提出者丹尼爾．戈爾曼教授曾經列舉過一個非常有趣的例子，來說明高情商的人更善於控制自己的情緒，因而在以後的工作、事業中也就會更有出息。

研究者請來了一批三至四歲的孩子，告訴他們，每一個人可以分一份棉花糖，而且馬上就可以吃。但是，如果有誰先暫時不吃的話，等研究者出去辦完事回來以後再吃，就可以得到雙份的棉花糖。研究者說完就離開了房間。這時候，留在屋子裡的一些孩子們看他前腳剛走，便迫不及待地把糖拿起來吃掉了。另一些孩子則想等一會兒，等研究者回來以後再吃，可是等了幾分鐘，實在忍不住了，便不再等待，也把糖拿起來吃掉了。剩下的一些孩子決心等研究者回來，結果，他們每人吃到了雙份的棉花糖。

隨後，研究者便對他們進行了追蹤研究，結果表明，那些能夠控制棉花糖的誘惑、有耐心等待的孩子長大以後，都能比較好地控制自己的情緒，而且，適應環境的能力很強，在生活中也討人喜歡，比較敢於冒險，自信心也強於一般的人，當然更重要的是，他們都能夠抵抗短暫的誘惑。這群孩子不但在以後的學習上成績優異，而且適應社會的能力也遠遠好於其他孩子。相反，那些一看見棉花糖就想吃掉的孩子，因為他們不善於控制處理好自己的情感，只想滿足眼前的欲望，沒有辦法克制自己，結果，長大以後，他們在各個方面的成就都比較低。

的確，在我們人生走向輝煌的過程中，最大的敵人其實並不是我們缺少機會，或者是我們資歷淺薄，人生成功最大的敵人是我們缺乏對情緒的控制。

生氣有害健康

人生難免有虛假有醜陋有邪惡有不平有無理的事情出現，於是生怒氣、生悶氣、生閒氣、生怨氣……殊不知，生氣不但無助於問題的解決，反而會使本來不如意的事情更加不如意。更嚴重的是，生氣會嚴重地損害我們的身心健康。

院子裡，一隻黑毛公雞和一隻白毛公雞為爭奪一條青蟲又大打出手，雙方苦戰了幾十個回合。

突然，黑毛公雞騰地從地上飛起，又向下俯衝，並用嘴牢牢地啄住了白毛公雞的雞冠子，身子一併穩穩地騎壓在白毛公雞身上，白毛公雞只好俯首稱臣。

當白毛公雞看到黑毛公雞叼著那條青蟲去向一隻花母雞大獻殷勤時，白毛公雞變得非常憤怒，但懼於黑毛公雞的威懾，只得用爪子不停地抓撓地面，表達自己的憤怒。當白毛公雞怒氣消停時，卻悲哀的發現自己的爪子被地上的石子劃破了，漂亮的羽毛也掉了好幾根，看著這個結局，一陣傷心又不由得湧上了心頭。

上面的寓言講的雖然是動物界的事情，但也反映了人類大多數時候的情景，在生活和工作中，我們不也是像那只白毛公雞一樣常常會為一些小事而生氣嗎？生活中許多人由於在社會、家庭及工作中產生各種矛盾，總會心生不悅，整日愁眉苦臉，鬱鬱寡歡，看什麼都不順眼，甚至怒火中燒。但是，生氣就能解決問題嗎？當然不能，生氣不但解絕不了任何問題，天長日久，一些疾病還會乘虛而入，不請自到！

①傷膚：生氣時，血液大量湧向頭部，因此血液中的氧氣會減少，毒素增多。而毒素會刺激毛囊，引起毛囊周圍程度不等的炎症，從而出現色斑問題。

②傷腦：大量血液湧向大腦，會使腦血管的壓力增加。這時血液中含有的毒素最多，氧氣最少，對腦細胞不亞於一劑「毒藥」。

③傷胃：生氣會引起交感神經興奮，並直接作用於心臟和血管上，使胃腸中的血流量減少，蠕動減慢，食慾變差，嚴重時還會引起胃潰瘍。

④傷心：大量的血液衝向大腦和臉部，會使供應心臟的血液減少而造成心肌缺氧。心臟為了滿足身體需要，只好加倍工作，於是心跳更加不規律，也能更致命。

⑤傷肝：生氣時，人體會分泌一種叫「兒茶酚胺」的物質，作用於中樞神經系統，使血糖升高，脂肪酸分解加強，血液和肝細胞內的毒素相應增加。

⑥傷腎：人若經常生氣，可使腎氣不暢，易致閉尿或尿失禁。

⑦傷肺：情緒衝動時，呼吸就會急促，甚至出現過度換氣的現象。肺泡不停擴張，沒時間收縮，也就得不到應有的放鬆和休息，從而危害肺的健康。

⑧引發甲亢：生氣令內分泌系統紊亂，使甲狀腺分泌的激素增加，久而久之會引發甲亢。

⑨損傷免疫系統：生氣時，大腦會命令身體製造一類由膽固醇轉化而來的皮質固醇。這種物質如果在體內積累過多，就會阻礙免疫細胞的運作，讓身體的抵抗力下降。

生氣不僅對我們身體產生不利影響，對我們心理也會產生負面作用。生氣時，我們做事易衝動，往往會導致自己後悔不已；生氣時，由於情緒不穩定，我們處理問題容易失去理智，往往會作出錯誤的決定；生氣時，往往會因控制不住自己而把別人當作出氣筒，結果影響人際關係。

生氣有這麼多的害處，你還會動不動就為了一點小事而生氣嗎？也許你會說，生氣時是不由自主的，誰又能控制得了呢？

其實不然，美國心理學家歐廉．尤里斯教授就提出了使人平心靜氣的三項法則：「首先降低聲音，繼而放慢語速，最後胸部挺直。」降低聲音、放慢語速都可以緩解向上的爆發力，給大腦時間讓情緒退潮；而胸部挺直，可以淡化緊張的氣氛，這是因為情緒激動時人們通常都會身體向前傾，從而使自己的臉更接近對方，形成咄咄逼人的氣勢，挺直胸部不僅可以拉大和別人的距離，自己的肺部也會吸入更多的氧氣來幫助大腦工作。基於同樣的原理，憤怒的時候先深做呼吸，努力閉會兒嘴巴也有不錯的效果。

當然，要防止生氣，更重要的還是要防範於未然。

生氣是健康的天敵，然而生活在這個充滿矛盾的世界上，誰人不會有生氣的時候呢？要如何才能避免生氣呢？我們可以從以下幾個方面著手：

①充分認識生氣帶來的不良後果：生氣會傷腦、傷神、傷胃、傷肝、傷腎。人處於氣憤愁

悶狀態時，可致肝氣不暢、肝膽不和、肝部疼痛。經常生氣是百病之源。所以為了自己的健康，別為那些不值一提的小事情生氣了，開心點，樂觀些去面對，沒什麼好氣的。

②有意躲開「觸媒」：人在憤怒時，往往大腦皮層中出現強烈的興奮點，並且它還會向四周蔓延。為此，要在「怒髮」尚未「衝冠」之際，善於運用理智有意識地去轉移興奮中心。比如，有意躲開一觸即發的「觸媒」，即爭吵的對象、發怒的現場，到其他的地方幹點別的事情。

③自我暗示、激勵：自我暗示、激勵就是給自己提出任務，堅信自己有能力控制個人的情緒。愛發怒的人也不妨對自己說：「生氣是拿別人的錯誤懲罰自己」、「生氣不如爭氣」等等。透過這樣積極的自我暗示、自我命令，便可以組織自身的心理活動獲得阻止生氣的精神力量。

④用冷水洗臉：冷水會降低皮膚的溫度，消除你的怒氣。

⑤閉目深呼吸：把眼睛閉上幾秒鐘，再用力伸展身體，使心神慢慢安定下來。

⑥大聲呼喊：找一個無人的地方，從腹部深處發出自己的聲音，如大喊三聲，或高聲唱歌，或大聲朗誦。

當你因別人超越你而生氣時，你要想你都已經落後於別人了，哪還有時間和精力來生氣呢？你要做的是努力去奮鬥、去爭取、去成功。當你因別人不如你而生氣時，你要想自己是多麼有學識有才幹的人啊，又何必去跟一個事事不如你的人計較呢？你要做的是盡情享受現在的美好生活。如果你能這樣想，就沒有什麼事情是值得生氣的了。

讓自己遠離憤怒

生活的每一天並不會時時受到那些繁雜的瑣事所困擾，但一定會經常因一些繁瑣的小事而影響心情。輕易擊垮人們的並不是那些看似滅頂之災的挑戰，往往是那些微不足道的極細微的小事，它左右了人們的思想，改變了原來的意志，最終讓大部分人一生一事無成。

憤怒在某些情況下是一種自然的反應，但並不是在每一種情況中都要如此反應。我們所處的社會是靠彼此的合作和幫助才得以維持的。我們必須經常控制某些直覺的情感。重要的是，我們要承認別人與自己都有情緒存在——但是我們不能拿它當藉口，每次有什麼感覺，就毫無考慮地發泄出來，這樣做只是徒勞，有時還會得不償失，沒有任何意義。生活是忙忙碌碌的，所以要求人們去清點那些無需勞神的瑣事，然後果斷地將那些無益的小事拋棄，沒有必要去理它。

一位剛畢業的大學生，花費了很大精力找到了一個海上油田鑽井隊的對接工作。在海上工作的第一天，領班要求他在限定的時間內登上幾十公尺高的鑽井架，把一個包裝好的漂亮盒子送到最頂層的主管手裡。他拿著盒子快步登上高高的狹窄的舷梯，氣喘吁吁、滿頭是汗地登上頂層，把盒子交給主管。主管只在上面簽下自己的名字，就讓他送回去。他又快跑下舷梯，把盒子交給領班，領班也同樣在上面簽下自己的名字，讓他再送給主管。

他看了看領班，猶豫了一下，又轉身登上舷梯。當他第二次登上頂層把盒子交給主管時，渾身是汗，兩腿發顫，主管卻和上次一樣，在盒子上簽下名字，讓他把盒子再送回去。他擦擦臉上的汗水，轉身走向舷梯，把盒子送下來，領班簽完字，讓他再送上去時他有些憤怒了，他看看領班平靜的臉，盡力忍著不發作，又拿起盒子艱難地一個臺階一個臺階地往上爬。當他上到最頂層時，渾身上下都濕透了，他第三次把盒子遞給主管，主管看著他，傲慢地說：「把盒子打開。」他撕開外面的包裝紙，打開盒子，裡面是兩個玻璃罐，一罐咖啡，一罐奶精。他憤怒地抬起頭，雙眼噴著怒火射向主管。主管又對他說：「把咖啡沖上。」年輕人再也忍不住了，「叭」地一下把盒子扔在地上，「我不幹了！」說完，他看著扔在地上的盒子，感到心裡痛快了許多，剛才的憤怒全釋放了出來。這時，這位傲慢的主管站起身來，直視他說：「剛才讓您做的這些，叫做極限訓練，因為我們在海上作業，隨時會遇到危險，所以要求隊員身上一定要有極強的承受力，承受各種危險的考驗，才能完成海上作業任務。可惜，前面三次你都通過了，只差最後一點點，你沒有喝到自己沖的甜咖啡。現在，你可以走了。」

有時，你的憤怒情緒將會阻止你幹不好事情。成大事者是不會讓憤怒情緒所左右的。在關鍵時刻不能讓你的怒火左右情感，不然你會為此付出慘痛的代價。在現實生活中，也不乏因生氣、盛怒而身亡者。俗話說：「一碗飯填不飽肚子，一口氣能把人撐死」。人因怒而死亡的事屢見不鮮。承受痛苦壓抑了人性本身的快樂，但是成功往往就是在你承受常人承受不了的痛苦之後，才會在某個方面有所突破，實現最初的夢想。可惜，許多時候，我們總是差那一點點，因為一點點的不順而怒火中燒，這也正是很多年輕人的缺陷，正如上例，一點小事都承受不了，最後的結果只能是丟了自己的第一份工作。

「人生一世，草木一春」，短短的幾十年人生，何不讓自己活得快活一點，瀟灑一點，何必整天為一些雞毛蒜皮的小事生悶氣呢？如果遇到中傷或誤解的事，氣量大一點，裝裝糊塗，別人生氣我不氣，一場是非之爭就會在不知不覺中消失，你也落得瀟灑，而等到最終水落石出，人家還會更加敬重你這個人。

宋朝初年一位名叫高防的名將，他的父親戰死沙場，十六歲時被澶州防禦使張從恩收養，後來做了軍中的判官。有一次，一個名叫段洪進的軍校偷了公家的木頭做家具，被人抓獲。張從恩見有人在軍隊偷盜公物，不覺大怒。為嚴肅軍紀，下令要處死段洪進以警眾人。在情急之時為了活命的段洪進編造謊言，說是高防讓他幹的。本來這點事也不至於犯死罪，張從恩對其的處理有些過頭，高防是準備為其說情減罪的，但現在自己已被他牽連進去，失去了說話的機會，還讓自己蒙上不白之冤，能不氣嗎？但轉念一想，軍校出此下策也是出於無奈，想到憑自己與張從恩的私交，應承下來雖然自己名譽受損，但能救下軍校的性命也是值得的。所以張從恩問高防是否屬實，高防就屈認了，結果軍校段洪進果然免於一死，可張從恩從此不再信任高防，並把高防打發回家。高防也不做任何解釋，便辭別恩人獨自離開了。直到年底，張從恩的下屬徹底查清了事情真相，才明白高防是為了救段洪進一命，代人受過。從此張從恩更信任高防，又專程派人把他請回軍營任職。雲開霧散之後，高防不但沒有喪失自己的生存空間，而且獲得了更多人的尊重。

現實生活中，讓人生氣的事是隨時可能發生的，但作為一個頭腦冷靜的人，為了更好地、安寧地生活和工作，理智地處理各種不愉快，就需要控制憤怒，如果不忍，任意地放縱自己的感情，首先傷害的是自己。如對方是你的對手、仇人，有意氣你、激你，你不忍氣制怒，保持頭腦清醒，就容易被人牽著鼻子走，中了人家的計，到頭來弄個得不償失的下場，比如三國演義的周瑜就是一例。所以孔子云：「一朝之忿，忘其身以及其親，非惑與？」言下之意即因一時氣憤不過，就胡作非為起來，這樣做顯然是很愚蠢的。憤怒，體現的是理性的不健全。憤怒到極限時，最容易導致理性的喪失，說出本來不該說的話，做出本來不該做的事。所以要學會控制自己的情緒，不要輕易發怒。

如果你是一個易於憤怒卻不善於控制的人，建議你不妨準備一本憤怒日記，記下你每天的憤怒情況，並在每週作一個小總結。這樣，就會使你認識到：什麼事情經常引起你的憤怒，了解處理憤怒的合適方法，從而使你逐漸學會正確地疏導自己的憤怒。

擺脫憂鬱，改變命運

憂鬱是一種消極而低落的情緒，人置身其中就彷彿處在陰暗的圍牆之中，無法體味到開朗、灑脫、豁達的人生境界。

一個人若想成大事，就必須從憂鬱中走出來。若想改變某些人容易憤怒或急躁的性格，不是十分困難，但是想改變他們憂鬱的心理卻不很容易。因為憂鬱代表一種消極的意識和自我折磨的心態。情緒控制能力不高者，很難走出憂鬱的陰影。

憂鬱與傷寒和流感不同，憂鬱瓦解了人們的意志，消耗了人們的精力。它不是單一的病症，它有很多種類型，其病型也各不相同。一些人的憂鬱是由家庭、人際關係或與社會隔絕等問題所造成的；另一些人的憂鬱似乎與他們早期苦難的生活經歷有關；還有一些人的憂鬱與遺傳有關，使得他們具有憂鬱的易感性；更有一些人其憂鬱根源於某些生活上的事，諸如失業、住房、貧窮或重大的財產損失問題。當然，人們或許有其中一種或多種問題，因此毫不奇怪，我們對付憂鬱，需要各種治療方法和手段，不過對一個人有效的方法或許對另一個人無效。因此，只有根據你的實際情況出發，才能得到徹底的恢復。

如果你想擺脫憂鬱，改變你的命運。那麼不妨根據你的情況，試試以下三種方法。

合理安排日常生活

憂鬱的人對日常必須參加的活動會感到力不從心。因此，我們應對這些活動進行合理安排，以使它們能一件一件地完成。以臥床為例，如果躺在床上能使我們感覺好些，躺著無疑是一件好事。但對憂鬱的人來說，事情往往並非這麼簡單。他們躺在床上，並不是為了休息或恢復體力，而是一種逃避的方式，因為沒有應當做的事。我們會為這種逃避而感到內疚、自責。床看起來是安全舒適的地方，然而，長此以往，我們會更加糟糕。因此，最重要的是，努力從床上爬起來，按計劃每天做一件積極的事情。

有時，一些憂鬱者常常帶著這樣的念頭強制自己起床：「起來，你這個懶蟲，你怎麼能整天躺在這呢？」其實，與之相反的策略也許會有幫助，那就是學會享受床上的時光，每週至少一次，你可以躺在床上看報紙，聽收音機，並暗示自己：這多麼令人愉快。你應當學會，在告訴自己起床做事的時候，不再簡單地「強迫自己起床」，而是鼓勵自己起床。因為躺在那兒想自己所面臨的困難，會使自己感覺更糟糕。

換一種思考方式

對抗憂鬱的方式，就是有步驟地制訂計劃。儘管有些麻煩，但請記住，你正訓練自己換一種方式思維。如果你的腿斷了，你將會逐漸地給傷腿加力，直至完全康復。有步驟地對抗憂鬱也必須是這樣的。現在，儘管令人厭倦的事情沒有減少，但我們可以計劃做一些積極的活動，即那些能給你帶來快樂的活動。例如，如果你願意，你可以坐在花園裡看書、外出訪友或散步。有時憂鬱的人不善於在生活中安排這些活動，他們把全部的時間都用在痛苦的掙扎中，一想到衣服還沒洗就跑出來，便會感到內疚。其實，我們需要積極的活動，否則，就會像不斷支取銀行的存款卻不儲蓄一樣。積極的活動相當於你銀行裡有存款，哪怕你所從事的活動，只能給你帶來絲絲快樂，你都要告訴自己：我的存款又增加了。這樣，你就會擁有一個良好的心態了。

豁達的人生態度

不幸的人只記得不幸的內容，幸福的人則只記得一生中高興的事。

在漫長的旅途中，失意並不可怕，受挫折也無需憂傷。用豁達的態度去迎接它，把艱難險阻當成是人生對你的另一種形式的饋贈，坑坑窪窪也是對你意志的磨礪和考驗。有了這種思想，才不會終日鬱鬱寡歡，才不覺得人生太壓抑。懂得了這一點，我們才能挺起剛勁的脊樑，披著溫柔的陽光，找到充滿希望的起點。

憂鬱者的自責是徹頭徹尾的。在不幸事件發生或衝突產生時，他們認為這全是他們自己的錯。當我們犯有過錯，或僅有一點過錯時，我們出現承擔全部責任的傾向。然而，生活事件是各種情境的組合體。當我們憂鬱的時候，跳出圈外，找出造成某一事件的所有可能的原因，會對我們有較大的幫助。我們應當學會考慮其他可能的解釋，而不是僅僅責怪自己。

不要讓自己的情緒紊亂

一位商業助理滿懷憂愁回到家中。整個工作日她一直忙亂、苦惱、充滿攻擊性，並且隨時準備發怒。當她這樣停止工作回到家裡時，也就帶回了殘餘的攻擊心、困頓、匆忙與憂慮。對於丈夫和家裡人，她特別容易發怒。雖然在家裡絕不可能解決工作中的問題，但她還是一直想著辦公室裡的事。

情緒的紊亂會造成失眠。很多人休息的時候都帶著未解決的難題上床，他們在心理和情緒上仍然想要處理事情，而這時卻又是最不適宜做事的。

白天我們需要各種不同的情緒和心理。與老闆、顧客交談時，你需要不同的心情，在你和生氣的或愛發脾氣的顧客交談之後，你必須改變一下自己的心情，才能和下一個顧客交談。否則，一種情況裡的情緒攪和在另一種情況裡，是不適於處理其他問題的。

一家公司發現他們的一個助理莫名其妙地以粗野、生氣的口氣接電話。這個電話恰巧是打到公司正在舉行的一個重要會議上的，那時這位助理正處在困境和敵意之中。不用說，她那生氣與敵意得如棒槌擊打一般的口氣使打來電話的人吃了一驚，公司的人對這位助理的行為火冒三丈。當然，也給她自己帶來了麻煩。針對這件事，這家公司規定：以後所有的助理在接電話以前，必須先暫停五秒鐘，並且要微笑一下。

情緒的紊亂還會引起意外事件。追查意外事件起因的保險公司及其代理人發現，很多車禍的發生都是由於情緒的紊亂。如果一個司機和他的妻子或者老闆發生了口角，如果他在某些事上遭到了挫折而離開，那他很可能會發生車禍。他把不適當的情緒攪和在駕駛上，他並不是在生其他司機的氣，而好像是剛從夢中醒來，而夢中的他正在生著很大的氣。他自己也知道發生在他身上的只是一個夢，可他還在生著氣。事情不過就是如此而已。

恐懼和生氣一樣，也有類似的情緒紊亂作用。關於這一點，你應該了解一種真正有益的事情，就是友善、安寧、平靜以及鎮定。正如我們說過的，在完全輕鬆、安靜、泰然的狀態下，一個人不可能感到恐懼和憤怒，也不可能感到焦急不安。因此，你不妨時時清理情緒，這樣可以去掉以前的壞情緒，同時，使鎮定、平靜、安寧的情緒融合到你馬上要參加的一切活動中。

這樣做的效果是顯而易見的。

還有一種不合適的反應會引起煩惱、不安與緊張，那便是對不存在的東西進行情緒反應的壞習慣。這種東西，只是存在於你的想像之中。

我們許多人不會對實際環境中的小刺激做過分的反應，而卻在想像中虛構出稻草人，並且在自己的心理圖像裡做情緒的反應。老是想：也許會發生這種情況，要不就是那種情況，要是發生了我該怎麼辦呢？自找麻煩卻不自知。飛行跳傘教練發現，那些在艙門處停留太久的人，往往再也不敢跳下去了，因為他們已被自己過於豐富的想像嚇壞了！你要知道：你的神經系統無法分辨出真正的經歷或想像出來的經歷。

就你的情緒來說，對憂慮圖像的適當反應就是完全不去理睬它。在情緒上，你要分析你的環境，認識那些存在於環境裡的真實物，然後自然地進行反應。為了要做到這一點，你必須全心全意地關注現在所發生的事，要全神貫注。這樣你的反應一定是恰當的，而對於虛構的環境，你就不會有時間去注意了。

用理智來對待各種刁難

面對各種刁難，我們常常會失去理性。有時候，我們很難控制自己的情緒，表現出某種神經質。

神經質的心理症狀是較為輕度的一種，它與人的情感智商（EQ）有一定的相關性。神經質的主要表現為責任心淡薄，對批評反應強烈，甚至有時發生暴力行為，缺乏理智，有時說謊、易怒，以自我為中心等。其性格類型表現為常跟人衝突，有顯示自己力量的大膽舉動，傾向於惡意地解釋各種社會現象，以反抗的態度來顯示自己的傾向性。神經質過高的人應注意積極地調整自己的情緒，用理智的力量來控制、轉移和調整自己的心態。

一九八〇年在美國總統大選期間，雷根有一次關鍵的電視辯論，面對競選對手卡特對他在當演員時期的生活作風問題發起的蓄意攻擊，絲毫沒有憤怒的表示，只是微微一笑，鎮靜地調侃說：「你又來這一套了。」一時間引得聽眾哈哈大笑，反而把卡特推人尷尬的境地，從而為自己贏得了更多選民的信賴和支持，並最終獲得了大選的勝利。

缺乏自我控制能力的人想必已經明白，你是生活在社會中，為了更好地適應社會、取得成功，你有必要控制自己的情緒情感，理智地、客觀地處理問題。但是控制並不等於壓抑，積極的情感可以激勵你進取上進，加強你與他人之間的交流與合作。如果你把自己的許多能量消耗在抑制自己的情感上，不僅容易患病，而且將沒有足夠的能量對外界作出強有力的反應。因而一個高情商的人應是一個能成熟地調控自己情緒情感的人。那麼，如何正確地調整自己的情緒呢？你必須有正確的人生態度。在現實生活中，我們經常可以看到，面對同樣的環境和遭遇，人的情緒反應有很大的差異。正確的人生態度，能幫助我們調整看問題的角度，幫助我們想通許多問題，緩解不良情緒，培養積極、健康的情緒。具有寬廣的胸懷和豁達的心胸是保持積極、樂觀情緒的基本條件。那些在情緒上容易大起大落，經常陷入不良情緒狀態的人，幾乎都是心胸狹隘的人。

下面是一些有效地克服神經質、調節自我情緒的方法：

①正確地認識危機。人生中諸如疾病、死亡、破產等很難意料的事件，常影響人的心理。雖然人們完全有能力處理這類事情，但這需要時間，過分地焦急不僅於事無補，還會把事情辦壞。

②當預感到緊張會出現時，你可在頭腦中設想一下如何處理它，回想一下過去是怎樣對付的，回想一下你所尊敬的人是如何處理的，就可以減少焦慮，避免碰釘子。

③平時多注意休息，可以減少你的緊張感與神經質。獲得足夠的休息對身體極為有益，能使你振作精神，恢復精力。

④當你試圖掩蓋某一件事情時，常常帶來緊張情緒。但當你抱著不迴避的心態，坦然面對時，壓力無形之中就會減輕，緊張感就會減少。

⑤當你發現自己的情緒無法控制時，不妨用下列方法儘快從這種情境中擺脫出來：脫身離開那裡；想一想別人在這種情境中會扮演怎樣的角色；設想你已解決了一個難題而處在喜悅中；向有同情心的人傾訴自己的想法。

掌握好自己的情緒

星移斗轉，我們不能控制。股市走向，我們不能控制。唯一能控制的只有我們自己，只有控制了自己，掌握好自己的情緒，才能掌握好自己的命運。

曾有人對各監獄的成年犯人作過一項調查，發現了一個驚人的事實：這些不幸的男女犯人之所以淪落到監獄中，有九成的人是因為缺乏必要的自制，因此，缺乏自制也是導致走向犯罪的一個不可忽視的重要因素。

要想做個極為「平衡」的人，你身上的熱忱和自制必須相等而平衡。

缺乏自制是一般推銷員最具破壞性的缺點之一。客戶說了幾句這位推銷員所不希望聽到的話，如果後者缺乏自制能力的話，他會立即針鋒相對，用同樣的話進行反擊，而最後的結果是他所付出的努力，也因之而化為烏有。

人們的物質生活一天天好起來，浮躁的人也一天天多起來。無名火起，烏雲飄來，「煩著呢，別理我」充斥了城市的大街小巷，放縱的滋味可輕易嘗不得，駕馭好自己的情感是成熟的韻味之一。

在生活中發生常見的非理性因素你會發脾氣嗎？你曉得什麼時候應該發脾氣，什麼時候不應該發脾氣嗎？如果你在開車時，碰到別人從你身邊一擦而過，呼嘯一聲，使你大吃一驚，你是否會破口大罵呢？很多人可能會因此發脾氣，甚至為此不高興一天，但對方卻可能早已高高興興地參加聚會去了。

要化解這樣的不良情緒，我們不妨以風趣、溫和的態度解釋當時的情形——這傢伙，一定是老婆趕著去生孩子。然後，一笑置之。

然而，事物的發生和發展並不是總按照某種既定的模式進行的。反之，忍住不發脾氣也並非永遠是好的。比如，當你的孩子在唸書時，隔壁的音響開得很大聲，你只管忍耐，不去伸張權益。結果如何呢？這種情況下，如果我們忍住不發脾氣，也等於在縱容別人做不該做的事情。

在生活中，我們感覺周圍的事物，形成我們的觀念，作為我們的評價，以及相應地判斷、決策等，無一不是透過我們的心理世界來進行，只要是經由主觀的心理世界來認識和觀察事物，就不可避免地會使我們對事物的認識和判斷產生偏差，受到非理性因素的干擾和影響。即使是煩瑣小事，投射到我們的心靈世界裡時，就可能變得極其複雜和豐富。

在這個世界上，影響我們認知準確性的因素很多，如知識、經驗的侷限，認知觀念的偏差，感官的限制等。其中，影響最大的因素是情緒的介入和干擾。

生活中常見的非理性因素如下：

嫉妒

嫉妒使人心中充滿惡意、傷害。如果一個人在生活中產生了嫉妒情緒，那麼他就從此生活在陰暗的角落裡，不能在陽光下光明磊落地說和做，而是面對別人的成功或優勢咬牙切齒，恨至心痛。嫉妒的人首先傷害的是自己，因為他把時間、精力和生命不是放在人生的積極進取上，而是放在日復一日的蹉跎之中。同時嫉妒也會使人變得消沉或是充滿仇恨。如果一個人心中變得消沉或是充滿仇恨，那麼他距離成功也就會越來越遙遠。

憤怒

憤怒使人失去理智思考的機會。許多場合，因為不可抑制的憤怒，使人失去了解決問題和衝突的良好機會。而且，一時衝動的憤怒，可能意味著事過之後要付出高昂的代價來彌補。更為嚴重的是，在實際生活中，憤怒導致的損失往往可能是無法彌補的。你可能從此失去一個好朋友，失去一批客戶；你的形象可能從此在領導眼裡受到損害，別人也從此開始對你的合作產生疑慮。

憤怒時最壞的後果是，人在憤怒的情緒支配下，往往不顧及別人的尊嚴，嚴重地傷害了別人的面子。對於損害他人的物質利益也許並不是太嚴重的問題，而損害他人的感情和自尊卻無異於自絕後路，自挖陷阱。如果你心中的夢想是渴求成功，那麼，憤怒就是一個不受歡迎的敵人，你就應該徹底把它從你的生活中趕走。

恐懼

過分的擔憂可能導致產生恐懼，而恐懼則使人學會逃避、躲藏。

對某些事物的恐懼情緒，可能來自於缺乏自信或自卑。一次失敗的經歷或尷尬的遭遇都可能使人變得恐懼。比如，經歷過一次在公眾面前語無倫次的演講，就可能使他從此恐懼演講。這無疑使他在生活中憑空少了許多機會，本來可以透過一番演說和遊說來獲得的成功機會將從手指縫裡溜走。

恐懼的泛化還能導致焦慮，焦慮的情緒甚至比恐懼還要糟糕。有些人把焦慮情緒形容為「熱鍋上的螞蟻」，這個比喻相當準確，也相當形象。產生恐懼情緒而不想方設法加以控制和克服，這樣的潛臺詞相當於默認自己是個怯懦的失敗者。

憂鬱

成功路途中最可怕的敵人還有憂鬱。如果說別的消極情緒是成功路上的障礙，使成功之路變得漫長和艱險，那麼，憂鬱就會使你在成功路上南轅北轍。

克服別的情緒問題可能只是修養和技巧的問題，而克服憂鬱卻相當於一項龐大的工程，它需要徹底改變你的生性：從認知、態度到性格、觀念。

一個追求成功的人如果染上憂鬱，那麼即使有成功的機會也會離他而去。因為成功帶給他的不是喜悅，不能使他興奮起來，而是沉浸在自己的瑣碎體驗裡不能自拔。憂鬱者彷彿是一個隨時馱著殼的蝸牛，只是束縛他的殼是無形的。

憂鬱者宛若置身於一個孤獨的城堡，他出不來，別人也進不去。著名文學家，也是憂鬱者的卡夫卡曾這樣形容他憂鬱的體驗：「在我的周圍圍著兩圈士兵，手執長矛。裡面的一圈士兵向著我，矛尖指著我；外面的一圈士兵向著外面，矛尖指著外面。他們這樣密不透風地圍著我，使我出不去，外面的人也進不來。

緊張

緊張可能是因為缺乏經驗，準備不足。適度的緊張使我們能集中精力，不致分神，但過度的緊張卻會使我們長期的準備工作付諸東流。本來設想和規劃得很好的語言和手勢，一緊張便會忘得一乾二淨。過分的緊張使人變得幼稚可笑——臉色發白，或漲得通紅，雙手和嘴唇顫抖不已，頭上冒著冷汗，心跳劇烈，甚至感到心悸，呼吸急促，語言支離破碎。

狂躁

狂躁容易給人以一種假象，彷彿他很精力充沛、說話和做事都那麼有感染力，顯得咄咄逼人。初次接觸狂躁者時，許多人都會產生錯誤的感覺，以為他是多麼的具有活力和使人感動。可是隨著時間的推移和了解的加深，你就會發現狂躁其實不過是一張白紙，沒有一點意義。他的談話沒有深度，他行事缺乏條理性和計劃性，他說過的話轉眼就會忘記，交給他的任務也不會受到認真對待。

狂躁的情緒容易使人陶醉，因為狂躁者的自我感覺好極了。他會顯得雄心勃勃，似乎要追隨后羿去把最後一顆太陽也射下來。可是，世界上沒有狂躁者也能取得成功的例子，因為狂躁和憂鬱其實是兩個極端的情緒：狂躁是極度興奮，而憂鬱是極度抑制。在精神病分類裡，有一種精神疾患就叫做「躁鬱症」。

猜疑

猜疑是人際關係的腐蝕劑，它可以使觸手可及的成功機會毀於一旦。

莎士比亞在他那齣著名的悲劇《奧塞羅》裡面，十分生動而深刻地刻畫了猜疑對成功的腐蝕。愛情因為猜疑而變得隔閡，合作因猜疑而不歡而散，事業因猜疑而分崩離析。對成功路上艱難跋涉的追求者來說，猜疑將是一個隨時可能吞沒你整個宏偉事業的陷阱。因為你的猜疑可能隨時被別人利用，而蒙在鼓裡的你還渾然不覺。其實，只要你細加分析，就不難發現猜疑是多麼的沒有道理和破綻百出。

猜疑的根本原因是缺乏溝通。許多猜疑最終都證明是誤會，如果相互之間的溝通順暢，那麼猜疑的黴菌就無處生長。

猜疑的另一個原因是對自己的控制能力缺乏足夠的自信。為什麼會猜疑？因為擔心自己的利益受到損害，而這種擔心顯然是由於對自己控制局面的能力信心不足造成的。

第三章
自信點，不要讓自卑毀了你

成功永遠屬於自信者。自卑者注定與成功無緣。古往今來，許多人之所以失敗，究其原因，不是因為無能，而是因為不自信。自信是一種力量，更是一種動力。

自信，成功的階梯

有自信的人不會在轉瞬間就消沉沮喪。如果一個自信的人從他的庇蔭之所被人驅逐出來，他就會去造一所塵世的風雨摧毀不了的屋宇。

才華出眾的人總會遇到挑戰，而有時恰好最嚴峻的挑戰又出現在他狀態最不佳的時候。一般來說，在沒有進入最佳的備戰狀態時，人們往往會喪失信心。

事實上，在每一個成功者或巨富的背後，都有一股巨大的力量——自信的心態在支持和推動著他們不斷地向自己的目標邁進。這些成功的欲望和自信正是他們創造和擁有財富的源泉。

美國前總統雷根深知此道，從二十二歲到五十四歲，他從電臺體育主播到好萊塢明星，整整三十多年的歲月都在演藝圈裡度過。對從政，他是完全陌生的，更沒什麼經驗可談，但他卻立志要當總統。當共和黨內的保守派和一些富豪們竭力慫恿他競選加州州長時，雷根毅然決定放棄賴以為生的影視業，決心開闢人生的新領域。

在雷根如願以償當上州長問鼎白宮之前，曾與競爭對手卡特舉行過長達幾十分鐘的電視辯論。面對攝影機，雷根發揮出淋漓盡致的表演才能，時而微笑，時而妙語連珠，在億萬選民面前完全憑著當演員的本領，占盡上風。相比之下，從政時間雖長，但缺少表演經歷的卡特卻顯得相形見絀。

自信之人，定有超乎常人的非凡之處，他們或才智超達，傲視群雄；或學業專精，無人能及。自信是從骨子裡帶出來的，真正的自信絕對不會因為外在形式的改變而消失，充滿自信的人總會以精神飽滿的狀態迎接每天的挑戰。而借助外在條件使自己自信的人總有洩氣的一天。自信不是運氣，而是靠平時的累積。機會寵愛努力的人，自信就是因為相信自己平時的奮鬥會有一個機遇出現，只要這個展示的舞台出現了，自信的氣息也就從那一刻起燦然閃現，就像雷根精彩的演講那樣。

自信，就是迷茫大海中那盞指引航向的明燈。

自信才能成大事

自信是一種非常重要的心態，是一種自我肯定、自我鼓勵、堅信自己一定能成功的素養。沒有自信的人，就沒有生活的熱情和趣味，也就沒有探索拚搏的勇氣和力量。

著名發明家愛迪生曾說：「自信是成功的第一祕訣。」

阿基米德、伽利略、居禮夫人、錢學森等歷史上廣為人知的科學家，他們之所以能取得成功，首先就是因為他們有遠大的志向和非凡的自信心。

一個人要想事業有成、做生活的強者，首先要敢想。連想都不敢想，當然談不上什麼成功了。著名數學家陳景潤，語言表達能力差，教書吃力不合格。但他發現自己專長於科學研究，於是增添了自信心，致力於數學的研究，後來終於成為著名的數學家。

世界著名交響樂指揮家小澤征爾在一次歐洲指揮大賽的決賽中，按照評委會給他的樂譜指揮演奏時，發現有不和諧的地方。他認為是樂隊演奏錯了，就停下來重新演奏，但仍不如意。於是，他認為是樂譜錯了。這時，在場的作曲家和評委會的權威人士都鄭重地說明樂譜沒有問題，而是小澤征爾的錯覺。面對著一批音樂大師和權威人士，他思考再三，突然大吼一聲：「不，一定是樂譜錯了！」話音剛落，評判臺上立刻報以熱烈的掌聲。

原來，這是評委們精心設計的圈套，以此來檢驗指揮家們在發現樂譜錯誤並遭到權威人士「否定」的情況下，能否堅持自己的正確判斷。前兩位參賽者雖然也發現了問題，但終因趨同權威而遭淘汰。小澤征爾則不然，因此，他在這次指揮家大賽中摘取了桂冠。

「依靠自己，相信自己，這是獨立個性的一種重要成分。是它幫助那些參加奧林匹克運動會的勇士奪得了桂冠。所有的偉大人物，所有那些在世界歷史上留下名聲的偉人，都因為這個共同的特徵而屬於同一個家庭。」米歐爾．雷諾茨曾如是說。

與金錢、勢力、出身、親友相比，自信是更有力量的東西，是人們從事任何事業最可靠的資本。自信能排除各種障礙，克服種種困難，能使事業獲得完美的成功。自信者往往都承認自己的魅力和相信自己的能力，總是能夠大膽、沉著地處理各種棘手的問題，從外表看去，他們都表現得比較開朗、活潑。

著名的推銷員梅里爾曾對齊格說，「你有許多能力，你可以成為一個了不起的人，甚至一個全國優勝者。我絕對相信，如果你真正投入工作，真正相信自己，就能衝破一切困難獲得成功。」當時，齊格驚呆了，因為梅里爾的話使他找到了自信，使他更加努力地去工作。

齊格說：「一個從小鎮中出來的小人物，希望回到小鎮上，一年賺五千美元，我的自我意識僅限於此。現在卻突然有一個受我尊敬的人對我說：『你能成為一個了不起的人。』」

所幸的是，齊格相信了梅里爾先生的話，開始像一個優勝者一樣思考、行動，把自己看成優勝者，於是他真的成為了一個優勝者。

「梅里爾先生並未教我太多的推銷技藝，但那年年底，我在美國一家擁有七十多名推銷員的公司中，推銷成績名列第二位。」齊格說，「我從用克萊斯勒車變成用豪華小汽車，而且有望獲得提升。第二年我成為全州報酬最高的經理之一，後來我成為全國最年輕的地區主管人。」

齊格遇到梅里爾先生後，並沒有獲得一系列全新的推銷技藝，也沒有使他的智商提高，只是梅里爾先生讓他知道了自己有獲得成功的能力，並給了他目標和發揮自己能力的信心。

心理學家研究發現：自信是人們心中的明燈。正是如此，成大事者總是能走好明燈照亮的路。因為有了自信，他們就會比別人更早、更容易找到成功的鑰匙。自信成了他們成就大事的催化劑。

自信心對一個人一生所起的作用是無法估量的，無論在智力上還是體力上，或是做事的各種能力上，自信心都占據著基石性的支持地位。

因此，做人就要充滿自信，自信才能成大事。

先相信自己，別人才會相信你

每個人身上都潛藏著巨大的能力，但並不是每個人都能發現並運用自己身上的潛能。許多人就是在默默無聞中葬送了自己的天賦，最終一事無成。

屠格涅夫說：「先相信你自己，然後別人才會相信你。」

人生就是一幅捲起來的畫卷，這畫卷永遠沒有盡頭。有的人向社會展示了幾張，就戛然而止；有的人卻展示了許許多多，而且還在不斷地展示。開啟這畫卷的手就是一種心態——自信。自信心有多強，能力就有多強。

羅杰．羅爾斯是美國紐約州歷史上第一位黑人州長。他出生在紐約一個聲名狼藉的貧民窟，從小就生活在一種骯髒的、充滿暴力的環境中。那麼，是什麼喚醒了他的能力而使之走出貧民窟，成為紐約州州長呢？是信心！

一天，當羅杰．羅爾斯又像以前一樣從窗臺上跳下來，伸著小手走向講臺時，他的老師並沒有指責他，而是輕聲地對他說：「我一看你修長的小拇指，就知道將來你準是紐約州的州長。」

這位老師並不是一位高明的算命先生，他只是想透過這種方式來鼓勵這些貧民窟裡的孩子，給他們樹立信心。然而，這句話卻令羅爾斯大吃一驚，因為他長這麼大，只有奶奶讓他振奮過一次，說他可以成為五噸重小船的船長。這一次，老師竟說自己能成為紐約州的州長，難道真的會這樣嗎？這太令人振奮了。於是，羅爾斯記住了這句話，並對之充滿了信心。

信心激發出了羅爾斯的能力，從此，他的衣服不再沾滿泥土，說話時也不再夾雜汙言穢語，他開始挺直腰桿走路。在以後的四十多年間，他沒有一天不按州長的標準要求自己。五十一歲那年，他終於成為了紐約州州長。他在就職演說中講了這樣幾句話：「信念值多少錢？信念是不值錢的，它有時甚至是一個善意的欺騙。然而，你一旦堅持下去，它就會迅速升值。」

這個故事告訴我們，信心雖然一文不值，雖然只是一種信念和心態，雖然只是一種精神狀態，但是它卻能把貶抑的自我提升起來，能把自身的潛能調動起來，去克服重重困難，最終走向成功。

有人說逆境中的人最容易自卑，這只是看到了事情的一面。其實逆境中的人也往往更容易獲得信心，因為逆境能讓人進一步體會出生命的價值和意義。雨果曾說：「人在逆境裡比在順境裡更能堅持不屈，遭厄運時比交好運時更容易保全身心。」

作為一個人，我們沒有理由不自信。想一想自己，我們是多麼幸運啊！在億萬競爭者中從母親的身體裡脫穎而出，為什麼不是別人而是我們？在出生前，我們就已經打了一場勝仗，在這個世界上再也找不出任何一個和我們一模一樣的人，我們都是獨一無二的。

不要讓自卑害了你

自卑是一種可怕的消極心態。懷有自卑情緒的人，往往遇事總是認為「我不行」、「這事我幹不了」、「這項工作超出了我的能力範圍」，沒有開始嘗試就給自己判了死刑。其實，任何人都無須自卑，每個人都有自己的特點，重要的是要認識到自身的長處。所以，我們一定要克服自卑的情緒，只有這樣才能更好地將自己塑造成為一個自信的人。

要克服自卑，首先要克服的是過分的自尊。

從心理學角度講，人在青年時期思維敏捷，富於幻想，喜歡追求美好的東西，希望自己能夠成為最優秀的人。但是，由於本身的追求與實際能力之間存在著差距，有的人怕被別人發現自己的弱點，於是就形成一種心理上的自我保護。這種自我保護的表現就是不願意暴露自己的缺點，不願意與比自己優秀的人交往，更不願意聽到自己不如別人的話語，或者總說自己如何如何不行這樣的話。可是在實際中，他一旦發現自己確實有不如別人的時候，就可能會產生失望，由過分自尊一下子轉變為自卑，甚至自我封閉。

要克服自卑，就要看到自己的長處。

一般情況下，每個人都是根據他人對自己的評價和透過自己與他人比較來認識自己的長處和短處的。有的人，在與他人比較的過程中，多習慣用自己的短處與他人的長處相比較。結果，越比較越覺得自己不如人，越比越洩氣。只看到自己的不足，而忽視了自己的長處，久而久之就會產生自卑感。

要克服自卑，就要正視挫折。

有個大學三年級的女生，不漂亮，甚至還多少有點醜。她眼看著同班的女同學都有了男朋友，唯獨自己形影相弔，於是一個人便自卑起來，還常常悄悄地掉眼淚。教心理學的老師覺察到了這件事，就假冒一個男生的名義，給她寫了封匿名的求愛信。

尊敬的××：

冒昧地給您寫信，您不會紅顏大怒吧！

很久很久了，我一直在默默地觀察著您！您是個極有特色的好女孩兒——當您的女同學接二連三地有了男友，您卻一如既往地保持著女性的莊重，與您的女同學相比，您顯然比她們更有內涵，更有古典色彩，更有份量！因此，在我的心目中，您特別神聖、特別聖潔！自然，也正是因為您特別莊重、特別嚴謹，我才不敢放肆失禮——請恕我暫時不公開我的姓名，但我肯定會天天關注著您，在得到您的認可之前，就讓我從一個遙遠的地方，小心翼翼地、滿懷希冀地看著您吧！

沒有您，我將失望之極！

我堅信，在未來的期末考試中，您將凱歌高奏！

那時，請准許我真誠地為您高興？行嗎？您那燦爛的天使般的笑，將使我變得特別歡欣鼓舞！

一個盼望著得到您的青睞的極善良的男同學。

……

果然，就這麼一封信，也就從此改變了一個人。

那原本自卑的女孩子自打收到了這封信，就恢復了勇氣和信心——她抬起了自己高貴的頭，她的步伐從此充滿了自信，她不再暗自垂淚，她奮發圖強，她的拚搏使人感動。到了學期末，她以全優的成績得到了全班同學的一致讚美！

愛情之所以偉大，是因為她不僅給你力量，給你自信，並在你不知不覺中改變你的一生。心靈之所以要清洗，是因為不去清洗它就會留有油汙灰塵，只有經常擦洗，心靈才能永保金子般的光潔。

心理學家建議，自卑感強的人，不妨多做一些力所能及、有較大把握的事情。這些事情即使很不顯眼，也不要放棄爭取成功的機會。任何成功都會增加人的自信，對於自卑的人來說，尤其如此。而且，任何大的成功，都蘊含於小的成功之中。只要循序漸進地鍛鍊能力，自信就會取代自卑，讓你走出陰霾，踏上成功之路。

自信是成功的力量

堅強的自信，是偉大成功的源泉。無論才幹大小，天資高低，有了堅強的自信，就有了成功的可能。如果你去分析研究那些成就偉大事業的卓越人物的人格特質，就可以發現：這些卓越人物在開始做事之前，總是具有充分相信的堅定的自信心，深信所從事的事業必能成功。這樣，在做事時他們就能付出全部的精力，克服一切艱難險阻，直到取得最終的成功。

一位母親第一次參加家長會，幼稚園的老師對她說：「你的兒子有過動症，在板凳上三分鐘都坐不了。」回家的路上，兒子問她老師都說了些什麼。她鼻子一酸，差點流下淚來。然而，她還是告訴兒子：「老師表揚你了，說寶寶原來在板凳上坐不了一分鐘，現在能坐三分鐘了。別的家長都非常羡慕媽媽，因為全班只有寶寶進步了。」那天晚上，她的兒子破天荒地吃了兩碗米飯。並且沒讓她餵。

在第二次家長會上，小學老師對她說：「全班五十名同學，這次數學考試，你的兒子排第四十九名。我們懷疑他智力有些障礙，您最好能帶他去醫院查一查。」回去的路上，她流淚了。然而，當回到家裡，看到誠惶誠恐的兒子，她又振作起精神說：「老師對你充滿信心。他說了，你並不是個笨孩子，只要能細心些，會超過你的同學。」說這話時，她發現兒子黯淡的眼神一下子充滿了光亮，沮喪的臉也一下子舒展開來。第二天上學，兒子起得比平時都要早。

孩子上了國中，又一次家長會。老師告訴她：「按你兒子現在的成績，考明星高中有點危險。」她懷著驚喜的心情走出校門，告訴兒子：「班，主任對你非常滿意，他說，只要你努力，很有希望考上明星高中。」高中畢業，兒子把一封印有「台灣大學招生辦公室」的特快專遞交到她的手裡，邊哭邊說：「媽媽，我一直都知道我不是個聰明的孩子，是您……」這時，她悲喜交加，再也按捺不住十幾年來積聚在心中的淚水，任它滴落在手中的那個信封上。

自信是成功的力量，只要你相信自己能成功，並以這種自信的心態去追求你想擁有的東西，在奮鬥的過程中不怕艱苦、不怕失敗，總有一天，你的目標就會實現。常言道：世上無難事，只怕有心人。沒有翻不過的山，渡不過的河，只是因為不相信自己能力的人多了，世界上才有了「困難」這個詞。

一般人經常害怕恐懼害怕被拒絕，害怕失敗。為什麼害怕？因為覺得自己不夠好，因為他不夠喜歡自己。如果讓你喜歡你自己，你必須重複地唸著：「我喜歡我自己，我喜歡我自己，我喜歡我自己，我是最棒的，我是最棒的。」

如果我們展示給人的是一種自信、勇毅和無所畏懼的印象，如果我們具有那種震懾人心的自信，那麼，我們的事業就可能會獲得巨大的成功。

激發自己的潛能

做一件事情，眼看不能成功，沒有希望了，此時，你不要忘記在你身上還有一種寶貴的東西，那就是「潛能」。潛能是你心中沉睡的巨大力量，一旦喚醒它，它會讓高山低頭，讓大河讓路。

在昆蟲中，跳蚤可能是最善跳的了，它可以跳到比自己高幾萬倍的高度。為什麼會這樣呢？帶著這個問題，一位大學教授開始了他的研究。可是他研究了一整天，都沒有找到答案。

第一天下班的時候，教授用一個高一公尺的玻璃罩罩著這只跳蚤，以防止它逃跑。就在那天晚上，跳蚤為了能跳出玻璃罩，就跳啊跳啊，可是無論它怎樣努力，無論它怎麼跳，都在跳到一公尺高的時候，就被玻璃罩擋了下來。

第二天，教授上班時取下玻璃罩，他驚奇地發現，這只跳蚤只能跳一公尺高了。於是，他來了興趣。

第二天下班時，教授用了一個五十公分的玻璃罩罩著跳蚤，第三天，教授發現跳蚤只能跳五十公分的高度；晚上，教授又用二十公分的玻璃罩罩著跳蚤，第四天，跳蚤跳的高度又降為二十公分。到了第四天下班時，教授乾脆用一塊玻璃板壓著跳蚤，只讓跳蚤能在玻璃板下面爬行。果然，到了第五天，跳蚤再也不能跳了，只能在桌面上爬行。

可就在這個時候，教授不小心打翻了桌子上的酒精燈，酒精灑在了桌子上，火也慢慢地向跳蚤爬的地方蔓延。奇蹟出現了，就在火快要燒到跳蚤的一瞬間，跳蚤又猛地一跳，又跳到了它最開始的超過它身體幾萬倍的高度。

人的潛力就像這跳蚤的彈跳力一樣，發揮出來時也是驚人的。有人作過研究：就算是愛因斯坦、牛頓這樣的成功人士，也僅僅開發了他們大腦潛能的一成而已。大多數人的大腦潛能均被白白地浪費了，因為很多人都在自我懷疑和自卑心理中束縛了自己潛能的發揮，他們不相信自己可以像別人一樣做出成功的事情，而實際上他們的聰明才智和別人相差無幾，這是多麼可悲啊！

在日本有一所特殊的大學，它坐落在富士山下，有人稱之為人間地獄，也有人把它叫做鼓氣學校。每期學員僅受訓幾天。收取學費高達二十萬日元，這所學校培養的對象來自公司領導層，其辦校方針是讓處境不妙的管理者重振雄風。

學員一跨入校門，就會受到這樣的訓導：「為了今後大幹一番事業，你們必須付出汗水和眼淚，而完成科目的辦法只有一條：就是共同奮鬥，讓地獄變成天堂！」學校從不向學員傳授生意經和管理方法，而是讓他們接受嚴酷的體能訓練，諸如夏天讓烈日曝曬，冬天任嚴寒侵襲等，旨在把他們塑造成最堅強的企業精英。一位學員受訓後自信地說：「經過這種特殊的品格錘煉，在員工面前我不再恐懼，在老闆面前我不再膽怯！」

學校創始人本橋年代坦言道：「今天對學員們來說，需要的不是知識，而是別的東西。在現實生活中，那些瀕臨破產的人對各種情況瞭如指掌，他們欠缺的是抵抗力和自信心。我們把每個學員推到極限，就是要讓他們學會如何去擺脫困境。雖然學校傳授的東西很簡單，可每個學員都說從中吸取了力量，因為他們經受了極為難得的磨煉。」

保持自我本色，做好你自己

我們每個人都是世上獨一無二的，你就是你自己，你無須按照他人的眼光和標準來評判甚至約束自己，你無須總是效仿他人。保持自我本色，這是最重要的一點。

加州的歐蕾太太從小就對害羞非常敏感，她的體重過重，加上一張圓圓的臉，使她看起來更顯肥胖。她的媽媽十分守舊，認為歐蕾太太無須穿得那麼體面漂亮，只要寬鬆舒適就行了。所以，她一直穿著那些樸素寬鬆的衣服，從沒參加過什麼聚會，也從沒參與過什麼娛樂活動，即使入學以後，也不與其他小孩一造成戶外去活動。因為她怕羞，而且已經到了無可救藥的程度，她常常覺得自己與眾不同，不受人的歡迎。

長大以後，歐蕾太太結婚了，嫁給了一個比她大好幾歲的男人，但她害羞的特點依然如故。

婆家是個平穩、自信的家庭，他們的一切優點似乎在她身上都無法找到。生活在這樣的家庭之中，她總想盡力做得像他們一樣，但就是做不到。家裡人也想幫她從禁閉中解脫開來，但他們善意的行為反而使她更加封閉。她變得緊張易怒，躲開所有的朋友，甚至連聽到門鈴聲都感到害怕。她知道自己是個失敗者，但她不想讓丈夫發現。於是，在公眾場合她總是試圖表現得十分快活，有時甚至表現得太過頭了，於是事後她又十分沮喪。因此她的生活中失去了快樂，她看不到生命的意義，於是只好想到自殺……」

後來，歐蕾太太並沒有自殺，那麼是什麼改變了這位不幸女子的命運呢？竟然是一段偶然的談話！

歐蕾太太在一本書中這樣寫道：這一段偶然的談話改變了我的整個人生。

一天，婆婆談起她是如何把幾個孩子帶大的。她說：「無論發生什麼事，我都堅持讓他們秉持本色。」「秉持本色」這句話像黑暗中的一道閃光照亮了我。我終於從困境中明白過來——原來我一直在勉強自己去充當一個不大適應的角色。一夜之間，我整個人就發生了改變，我開始讓自己學會秉持本色，並努力尋找自己的個性，盡力發現自己究竟是一個什麼樣的人。我開始觀察自己的特徵，注意自己的外表、風度，挑選適合自己的服飾。我開始結交朋友，加入一些小組的活動，第一次他們安排我表演節目的時候，我簡直嚇壞了。但是，我每開一次口，就增加了一點勇氣。過了一段時間，我的身上終於發生了變化，現在，我感到快樂多了，這是我以前做夢也想不到的。此後，我把這個經驗告訴孩子們，這是我經歷了多少痛苦才學習到的——無論發生什麼事，都要秉持自己的本色！

我們選擇什麼，我們就會成為什麼樣的人，只要我們找到了我們適當的地方，我們就能克服一切的困難，達成我們的目標。但這一切都需要勇氣。

大多數的人都很少想到自己真正的內在美與內在的力量。你記得在看愛情片時，劇中男主角和女主角同甘共苦，為生活而奮鬥時，你為他們禱告，希望一切都順利。他去從軍，她離開家庭。他返鄉，她不見了。他找到她，她的哥哥卻要趕他走，她也要趕他走，而你一直都希望他們能永遠快樂地生活在一起。幕落時，他們終於結了婚，手牽手漫步在夕陽下。你擦乾眼淚，漫步走出電影院。

我們看這類電影時會流淚，因為我們真心關懷。我們愛、我們受傷，每個人都擁有一顆最真、最美、最單純的心，這分心情理藏有多深，端視一個人所受傷害有多深而定，但它確實存在於每個人的心裡。

承認自己的人性——愛別人、體會別人處境的悲憫之心，它原本就是你的一部分。承認自己的價值，並經常提醒自己——你夠資格讓別人待你。

帶著信念走向成功

盧梭有言：「信念，是抱著堅定不移的希望與信賴，奔赴偉大榮譽之路的熱烈感情。」的確如此，大千世界，古今中外，無論一艘船、一個人、一支球隊、一個組織，要創業、要前進、要實現奮鬥目標，要幹一番驚天動地的偉業，就要坦然面對困難與挫折，並在堅強信念的支撐下勇敢地戰勝各種風浪、困難和艱險，最終一定能乘長風破萬里浪，駛向成功的彼岸。

二〇〇一年五月二十日，美國一位名叫喬治．赫伯特的推銷員，成功地把一把斧子推銷給小布希總統。布魯金斯學會得知這一消息，把刻有「最偉大推銷員」的一隻金靴子贈予他。這是自一九七五年以來，該學會的一名學員成功地把一臺微型錄音機賣給尼克森後，又一學員登上如此高的門檻。

布魯金斯學會以培養世界上最傑出的推銷員著稱於世。它有一個傳統，在每期學員畢業時，設計一道最能體現推銷員能力的實習題，讓學生去完成。柯林頓當政期間，他們出了這麼一個題目：請把一條三角褲推銷給現任總統。八年間，有無數個學員為此絞盡腦汁，可是，最後都無功而返。柯林頓卸任後，布魯金斯學會把題目換成：請把一把斧子推銷給小布希總統。

鑒於前八年的失敗與教訓，許多學員放棄了爭奪金靴子獎，個別學員甚至認為，這道畢業實習題會和柯林頓當政期間一樣毫無結果，因為現在的總統什麼都不缺少，再說即使缺少，也用不著他們親自購買。

然而，喬治．赫伯特卻做到了，並且沒有花多少功夫。一位記者在採訪他的時候，他是這樣說的：我認為，把一把斧子推銷給小布希總統是完全可能的，因為布希總統在德克薩斯州有一農場，裡面長著許多樹。於是我給他寫了一封信，說：有一次，我有幸參觀您的農場，發現裡面長著許多大樹，有些已經死掉，木質已變得鬆軟。我想，您一定需要一把小斧頭，但是從您現在的體質來看，這種小斧頭顯然太輕，因此您仍然需要一把不甚鋒利的老斧頭。現在我這兒正好有一把這樣的斧頭，很適合砍伐枯樹。假若你有興趣的話，請按這封信所留的信箱，給予回覆……最後他就給我匯來了十五美元。

喬治・赫伯特成功後，布魯金斯學會在表彰他的時候說，金靴子獎已空置了二十六年，二十六年間，布魯金斯學會培養了數以萬計的推銷員，造就了數以百計的百萬富翁，這只金靴子之所以沒有授予他們，是因為我們一直想尋找這麼一個人，這個人不因有人說某一目標不能實現而放棄，不因某件事情難以辦到而失去自信。

不因為有人說某一目標不能實現而放棄，不因為某件事情難以辦到而失去自信，這是布魯金斯學會尋找的人才，同樣也是各行各業所需要的人才。在我們的成才之路上，只要我們具備這種自信的精神和堅強的毅力，我們就一定能夠像喬治・赫伯特那樣取得巨大的成功！

相信自己一定會爬起來

世上真不知有多少失敗者，只因沒有堅強的自信力，他們所接近的也無非是些心神不定、猶豫怯懦之輩，他們三心二意，永無決定事情的能力；他們自身明明有著一種成功的要素，卻被自己活生生地推了出去。

沉著冷靜，永不氣餒，這是每一個人所應養成的品格，任何人都應永遠保持一副親切和藹的笑容、一種希望無窮的氣魄，一種必能戰勝任何突然襲來的逆浪的自信力和決心。他們應該不急躁、不懊惱，不輕易發怒，更不應該遇事遲疑不決，這些良好的品性，往往比焦心憂慮更容易解決許多困難。

噴泉的高度是無法超過它的源頭的，一個人做事也是一樣，他的成就絕不會超過自己所相信的程度。如果你已經有了適當的發展基礎，而且你知道自己的力量能愉快地戰勝困難，就應該立刻拿定主意，不要再發生絲毫動搖，即使你遭遇一些困難和阻力，也千萬不要想到後退。

無論你現在處於一種什麼地步，千萬不要失去最可貴的自信力！你應該昂起的頭，切勿被困難壓下去；你堅決的心，切勿被惡劣的環境所屈服。你要做環境的主人，而不是環境的奴隸。你無時無刻不在改善你的境遇，無時無刻不在向著目標邁進。你應該堅決地說：你全身的力量已經足以完成那件事業，絕不會有人來把你的這股力量搶了去。你應該從自己的個性改起，養成一種堅強有力的個性，把曾被你趕走的自信力和一切因此喪失的力量重新挽救回來。

有許多人對事業曾經失去過信心，但最後還是重新建立了自信，挽回了事業。世人應該保持這種價值連城的成功之寶，正如應該爭取高貴的名譽一般重要。

諾貝爾的成功就充分說明了這一點。

我們知道，在諾貝爾的遺囑中，他將價值瑞典幣三十餘億克朗的財產，部分贈予親友，大部分留作基金，以基金的利息作為獎金，每年頒發一次，給予在物理、化學、生理和醫學、文學方面有貢獻的人，以及有效地促進國際親善，廢除或裁減常備軍，對促進和平事業有貢獻的人。受獎人不受國籍限制，這就是自一九〇一年起頒發的舉世聞名的諾貝爾獎金。

諾貝爾是因為發明了硝化甘油炸藥的引爆裝置而獲得了巨額財富。

諾貝爾初次見到硝化甘油，是在聖彼得堡。當時，一個名叫西寧的教授拿硝化甘油給諾貝爾父子看，並放在鐵砧上錘擊，受錘擊的部分立即發生爆炸。這引起了諾貝爾極大的興趣。西寧教授說，如能想出切實的辦法，使它爆炸，在軍事上大有用處。從這以後，年輕的諾貝爾就對此念念不忘，力求完成這一發明。

諾貝爾經過長期思考和實踐，認識到要使硝化甘油爆炸，必須把它加熱到爆炸點或以重力衝擊。尋求一種安全的引爆裝置，這正是諾貝爾為自己確定的課題。一八六二年五、六月間，諾貝爾在聖彼得堡的實驗室裡，進行了第一次探索性的試驗。他先把硝化甘油封裝在玻璃管裡，再把玻璃管放進裝滿火藥的吸管裡，然後裝進導火管。裝好以後，諾貝爾兄弟三人一起來到水溝旁，將導火管點燃，丟人水中，結果，水花四濺，地面震動，爆炸力遠大於一般火藥，表明硝化甘油與火藥都已爆炸了。這是一次用較多的火藥引爆較少的硝化甘油的試驗，它的意義不在於實用，而在於第一次發現了引爆硝化甘油的原理。

自此以後，諾貝爾努力尋求硝化甘油爆炸的引爆物。這種引爆物的用量，當然應該遠小於硝化甘油，才有實際意義。他經歷了多次失敗，仍以頑強的毅力堅持試驗，以至於就連他的父親和哥哥都嘲笑他「固執」。

有一次，諾貝爾以為已經找到了引爆硝化甘油的辦法，滿懷信心地進行試驗。他用一隻小玻璃管，裡面裝滿火藥，與導火線接好後，浸入裝有硝化甘油的容器內，點燃後，他像一個放爆竹的孩子一樣期待著轟然一聲巨響。但是，玻璃管內的火藥爆炸卻未引燃硝化甘油。現在看來，這次失敗可能是偶然的。引爆硝化甘油並不困難。然而，在歷史上諾貝爾確曾走過這樣的彎路。可貴的是，他遭到失敗而不急躁，不灰心。又經多次反覆試驗和細緻分析，他終於發現是由於玻璃管口沒有封緊，火藥不能炸碎玻璃管，沒有產生足以使硝化甘油爆炸的衝擊力和溫度。於是他用蠟將管口封死，終於獲得成功。

一八六八年二月，瑞典科學會授予諾貝爾父子金質獎章，獎勵老諾貝爾用硝化甘油製造炸藥的長期努力，獎勵愛佛萊．諾貝爾首次使硝化甘油成為可以用於工業的炸藥。

於是，諾貝爾給自己定出了新的目標，試制一種兼有硝化甘油的爆炸威力和猛炸藥的安全性能的新品種。不久，堅結的膠質炸藥和柔軟、可塑性極好的膠質炸藥相繼問世。它的爆炸威力高，價錢又比較便宜。它具有比硝化甘油更大的爆炸力與穩定性，點燃不至爆炸，浸水不會受潮。膠質炸藥很快在瑞士、法國、義大利的爆破工程中被廣泛採用，盛行起來。

諾貝爾是一個具有豐富想像力的人。他在各個科學技術領域，都以進取的姿態竭力發揮自己的才能。他往往同時從事幾種研究，用他自己的話來說：「我的工作是間歇的，我將一件事放下，過一陣子又重新做起。我差不多常常這樣。不過，凡是我認為可以得到最後成功的事，我總會回過頭去做好。」

諾貝爾就是這樣，以頑強的意志和毅力，不怕失敗，不怕困難，最終取得了成功。

讓「野心」成就夢想

很多人在小的事情上能夠保持自信，而一旦面對挑戰性比較大、實現起來需要很大難度和很長時間的事情時，他們就退縮了，因為他們沒有必勝的信心。又有多少人相信自己能夠成為百萬富翁呢?但如果你仔細研究百萬富翁的身世，你會發現很多人出身平凡且智力並不比常人高多少，他們為什麼就能成功呢?有一個重要的原因就是——他們有必定會成功的信念，那就是野心!

野心，簡單點或者語氣緩和一點來說就是進取的欲望，一個沒有夢想的人是可悲的，而野心是成就夢想的第一步。

德國一家電視臺有一檔智力遊戲節目，節目名稱叫《誰是未來的百萬富翁》，因為獎金豐厚，懸念迭出，吸引了許多德國觀眾。這檔節目有一個特點，就是每答對一道題目，就可以獲得相應的獎勵，而如果繼續答題時沒有答對，那麼就退出比賽，並且剝奪已經取得的獎勵。

前十幾期沒有一位參與者能夠獲得一百萬的獎勵，能夠在節目中有所收穫的只是一些見好就收的人。

自節目開播幾年來，雖然參賽者強手如林，可真正一路過關斬將直到最後的人卻從來沒有出現過。因此，幾乎所有的參與者都學乖了，最多到十萬左右，便放棄答題，退出比賽。直到一位叫克拉馬的青年人的參與，才第一次產生了百萬巨獎。

令人奇怪的是，克拉馬取得的百萬巨獎並不是因為他知識淵博，據當地媒體評論說，成就克拉馬的不是他的學問，而是他的心理素養和野心。因為在五十萬之後，每一道題都相當簡單，只需略加思考，便能輕鬆答出。

那麼多人與巨獎失之交臂，都是因為自己「見好就收」，沒有成為百萬富翁的野心。現在很多人崇尚「知足常樂」，固然，知足常樂可以作為一種生活態度，可以讓人過得更輕鬆，但是卻絕對不可以當作人生信條。沒有野心的人是可悲的，不管他多麼有才華，沒有了進取的信念，就只能成為一個庸庸碌碌的人。

不要放棄你的信心

人生的法則就是信念的法則。在「運氣」這個詞的前面應該再加上一個詞，就是「勇氣」。相信運氣可支配個人命運的人，總是在等待著什麼奇蹟的出現。這種人只要他上床稍稍躺一下，就會夢見中了大獎或者是挖到金礦；而那些不這樣想的人，就會依據個人心態的趨向為他自己的未來去不斷努力。

依賴運氣的人們常常滿腹牢騷，只是一味地期待著機遇的來臨。至於獲得成功的人，他覺得唯有信念方能左右命運，因此他只相信自己的信念。

在別人看來不可能的事，如果當事人能從潛在意識去認為「可能」，也就是相信可能做到的話，事情就會按照那個人信念的強度如何，而從潛意識中激發出極大的力量來。這時，即使表面看來不可能的事，也能夠做到了。

成功意味著許多美好、積極的事物。成功——成就，就是生命的最終目標。人人都希望成功，最實用的成功經驗，那就是「堅定不移的信心」。可是真正相信自己的人並不多，結果，真正做到的人也不多。

一個人放棄了信心，等於放下了手中的武器，而甘認失敗。信心就是相信自己的理想，自信就是相信自己的能力，從而達到自己的理想。

信心，就是把有限生命的脆弱性與無限生命中的精神堅強性揉合在一起，從而產生一種內在的無比巨大的力量，我們就可以無休止地走下去，一直要達到自己理想的目的地才終止。有了自信心，就有了戰勝困難的勇氣；有了自信心，才能在最佳心態下去從事前人沒有從事過的偉大事業。

哈佛大學的一位教授主持了一個有趣的實驗，實驗對象是三群學生與三群老鼠。

他對第一群學生說：「你們很幸運，你們將和天才小白鼠同在一起。這些小白鼠相當聰明，它們會到達迷宮的終點，並且吃許多乾酪，所以要多買一些餵牠們。」

他告訴第二群學生說：「你們的小白鼠只是普通的小白鼠，不太聰明。它們最後還是會到達迷宮的終點的，並且吃一些乾酪，但是不要對它們期望太高，它們的能力與智慧都很普通。」

他告訴第三群學生說：「這些小白鼠是真正的笨蛋。如果它們能找到迷宮的終點，那真是意外。它們的表現或許很差，我想你們甚至不必買乾酪，只要在迷宮終點畫上乾酪就行了。」

以後六個星期，學生們都在精心地從事實驗。天才小白鼠就像天才人物一樣地行事，它們在短時間內很快就到達了迷宮的終點。你期望從一群「普通小白鼠」那裡得到什麼結果呢？它們也會到達終點，但是在這個過程中並沒有寫下任何速度紀錄。至於那些愚蠢的小白鼠，那更不用說了，它們都有真正的困難，只有一隻最後找到迷宮的終點，那可以說是一個明顯的意外。

有趣的事情是，根本沒有所謂的天才小白鼠和愚蠢小白鼠之分，它們都是同一窩小白鼠中的普通小白鼠。這些小白鼠的成績之所以不同，是參加實驗的學生態度不同而產生的直接結果。簡而言之，學生們因為聽說小白鼠不同而採取了不同的態度，而不同的態度導致不同的結果。學生們並不懂得小白鼠的語言，但是小白鼠懂得態度，因而態度就是語言。

古之成大事者沒有一個是缺乏信心的懦夫之輩。秦皇漢武，唐宗宋祖，都充分表現出天之驕子的自信。李賀對秦王那不可一世的氣魄作詩云：「秦王騎虎游八極，劍光照空天自碧。」盧綸對李廣將軍那鎮定自若、箭出虎倒的氣勢描寫說：「林暗草驚風，將軍夜引弓，平明尋白羽，沒在石棱中。」秦王、李廣雖不屬同一類型的歷史人物，但是他們在中國歷史上的卓著戰績中都擁有扭轉乾坤與力挽狂瀾的自信。

要擁有自信，必須提高自我評價，正確認識自我。李白在《將進酒》中寫道：「天生我材必有用。」即是說，我能生臨人世間，必定是人世間需要我，我能發揮出對人世有益的作用，甚至能做出一定的貢獻。

有的人在一帆風順的條件下，慷慨陳詞，信心百倍。可是一遇到逆境便萎靡不振，如霜打秋荷一般。須知：「戰勝自己的自卑和怯弱，是對事業的最好祝福。」在逆境中，應該「手提智慧劍，身披忍辱甲」，更需要有自信，更需要勵精圖治。

能夠成就大事業的人，永遠是那些信任自己見解的人，敢於想人之所不敢想，為人之所不敢為的人。那些不怕孤立的人，勇敢而有創造力的人。至於那些沉迷於卑微信念的人，不敢抬頭要求優越的人，自然要老死窗下，卑微以歿世。普通平凡的人，因為他們沒有發覺到自己沉睡著的「神聖潛能」，而不能把它喚起，從而失去了人人是英雄豪杰的自信力，而安然於普通平凡之中。英雄豪杰之士就有所不同，他們有遠大的理想，崇高的目標，宏大的意志，強大的信心，昂首闊步，永遠向前，永遠向上，不屈地堅持著要發展自己的生命力，創造出無限的偉大的奇蹟來。

只有自信才是人生最有力的加油站。天下沒有克服不了的障礙，只要你能勇往直前，深信生命中的每件事情都能刺激你實現目標。讓自信為我們自己加油吧！

大膽去做你想做的

許多成功的人，並不一定比你「會」做，重要的是比你「敢」做。

一九六五年，一位韓國學生到劍橋大學主修心理學。在喝下午茶的時候，他常到學校的咖啡廳或茶座聽一些成功人士聊天。這些成功人士包括諾貝爾獎得主、某一些領域的學術權威和一些創造了經濟神話的人，這些人幽默風趣、舉重若輕，把自己的成功都看得非常自然和順理成章。時間長了，他發現以前在國內時，他被一些成功人士欺騙了，那些人為了讓正在創業的人知難而退，普遍把自己的創業艱辛誇大了，也就是說，他們在用自己的成功經歷嚇唬那些還沒有取得成功的人。作為心理學系的學生，他認為很有必要對韓國成功人士的心態加以研究。

一九七〇年，他把《成功並不像你想像的那麼難》作為畢業論文，提交給現代經濟心理學的創始人威爾．布雷登教授。布雷登教授讀後，大為驚喜，他認為這是個新發現，這種現象雖然在東方甚至在世界各地普遍存在，但至今還沒有一個人大膽地提出來並加以研究。驚喜之餘，他寫信給他的劍橋校友——當時正坐在韓國政壇第一把交椅上的人——朴正熙。他在信中說：「我不敢說這部著作對你有多麼大的幫助，但我敢肯定它比你的任何一個政令都能產生震動。」後來，這本書果然伴隨著韓國的經濟起飛了。這本書鼓舞了許多人，因為它從一個新的角度告訴人們，成功與「勞其筋骨，餓其體膚」、「三更燈欠五更雞」、「頭懸樑，錐刺股」沒有必然的聯繫。只要你對某一事業感興趣，長久地堅持下去就會成功，因為上帝賦予你的時間和智慧夠你圓滿地做完一件事情。後來，這位青年也獲得了成功，他成了韓國泛業汽車公司的總裁。

很多事情並不是因為難而使我們不敢去做，而是因為我們不敢去做而變得很難。許多人在還沒做一件事情以前就已經被嚇倒了，因為他聽到很多人都說難，他就相信這件事情真的很難，從而也就失去了努力的勇氣。但他們從沒想過說這些話的人．也許都是一些膽小鬼或者不肯付出辛苦勞動的人，也從沒想過自己會比說這些話的人要強，自己可能完全有能力超越別人，只是被別人盲目的言語嚇倒了。

播下自信的種子

自信源於人類操縱自己命運的能力——意識和潛意識。如果你心中播種的都是自信的種子，相信你總會獲得纍纍碩果的。

包玉剛就是以一條破船闖大海的成功者，當年曾引起不少人的嘲弄。包玉剛並不在乎別人的懷疑和嘲笑，他相信自己會成功。他抓住有利時機，正確決策，不斷發展壯大自己的事業，終於成為雄踞「世界船王」寶座的名人巨富。他所創立的「環球航運集團」，在世界各地設有二十多家分公司，曾擁有兩百多艘載重量超過兩千萬噸的商船隊。他擁有的資產達五十億美元，曾位居香港十大財團的第三位。包玉剛的平地崛起，令世界上許多大企業家為之震驚：他靠一條破船起家，經過無數次驚濤駭浪，渡過一個又一個難關，終於建起自己的王國，結束了洋人壟斷國際航運界的歷史。回顧一下他成功的道路，他在困難和挑戰面前所表現出的堅定信念，對我們每個人都有很大的啟發。

包玉剛不是航運家，他的父輩也沒有從事航運業的。中學畢業後，他當過學徒、夥計，後來又學做生意。三十歲時曾任上海工商銀行的副經理、副行長，並小有名氣。三十一歲時包玉剛隨全家遷到香港，他靠父親僅有的一點資金，從事進口貿易，但生意毫無起色。他拒絕了父親要他投身房地產的要求，表明了欲從事航運業的打算，因為航運業競爭激烈，風險極大，親朋好友紛紛勸阻他，以為他發瘋了。

許多人失敗的原因，不是因為天時不利，也不是因為能力不濟，而是因為自我心虛，自己對自己沒信心，最終成為自己成功的最大障礙。

但是包玉剛卻信心十足，他看好航運業並非異想天開。他根據在從事進出口貿易時獲得的訊息，堅信海運將會有很大發展前途。經過一番認真分析，他認為香港背靠大陸、通航世界，是商業貿易的集散地，其優越的地理環境有利於從事航運業。三十七歲的包玉剛正式決心搞海運，他確信自己能在大海上開創一番事業。於是，他拋開了他所熟悉的銀行業、進口貿易，投身於他並不熟悉的航運業，當時，對於他這個窮得連一條舊船也買不起的外行，誰也不肯輕易把錢借給他，人們根本不相信他會成功。他四處借貸，但到處碰壁，儘管錢沒借到，但他經營航運的決心卻更加強了。後來，在一位朋友的幫助下，他終於貸款買來一條二十年航齡的燒煤舊船。從此，包玉剛就靠這條整修一新的破船，掛帆起錨，躋身於航運業了。

成功是產生在那些有了成功意識的人身上的，失敗則源於那些不自覺地讓自己產生失敗意識的人身上，適時地給自己建立一個有效的自我激勵體系，這樣往往會得到意想不到的快樂與收穫。

第四章　笑看人生，用樂觀駕馭悲觀

人生不如意的事十之八九。但無論生活帶給我們怎樣的挫折與磨難，都應該用樂觀的心態去面對。因為，樂觀的心態是保持生命充滿活力的最佳良藥，樂觀的心態是戰勝一切挫折與磨難最有力的武器。

快樂是一種選擇

現實生活中，人們總會發現抱怨的人遠比樂觀快樂的人多。喜歡抱怨的人在給自己找罪受的同時，也傷害著身邊的人，為他人招惹麻煩，世界上幾乎沒有人因為抱怨世界而得到快樂。雖然有時抱怨可以減輕當時的痛苦，幫助他從痛苦中暫時抽身，但那並不是幫助他徹底解決問題，而是在教他如何逃避現實。

事事都選擇沮喪失望，不如轉變思維往好的方面想；選擇痛苦呻吟，不如選擇開心快樂。如果你決定做快樂的人，生活就不會那麼平淡。在面對艱難困苦的挑戰時，如果你足夠機智，改變思考方式，世界也不會吝惜將生命中最豐盈的快樂送給你。受到傷害，療傷止痛才是明智之舉，沉溺於痛苦中不過只是加深痛苦。

在契訶夫的小說《小公務員之死》中，那個可憐的小公務員看戲時不幸與將軍大人坐到了一起，不小心把唾沫弄到了將軍的頭頂上，他就變得神經質般的惶惶起來。無論他如何解釋，將軍大人好像都沒有原諒他的意思。這個小公務員在巨大的精神壓力下，竟然一命嗚呼了。

每天利用幾分鐘的時間，想像明天、下一個星期或是明年，都可能發生許多愉快的事情，不要對未來煩惱或憂慮。多想想美好的事情，你會在不知不覺中計劃實現它們。如此一來，你就養成了樂觀的習慣。

樂觀的人對一些繁雜的事情總是很看得開，他們認為：人生在世，不如意的事情十有八九，無論付出多大代價也是徒勞，什麼也帶不走。所以他們對事物的心態就是：人生在世不快樂白不快樂，不管從事什麼職業，也不管曾經取得過多麼輝煌的成就，都會不驕不躁，泰然處之，從不會使自己成為一個固步自封、自以為是的人。

大發明家愛迪生靠他的智慧和勤奮，終於為自己建起了一個有著相當規模的工廠，工廠裡有著設備相當完善的實驗室，這些都是他幾十年心血的結晶。然而不幸的是，一天夜裡，他的實驗室突然著火，緊接著引燃了貯存化學藥品的倉庫，隨後幾乎不到片刻的工夫，整個工廠便陷入了一片火海之中。儘管當時消防隊調來了所有的消防車，依然無法阻止熊熊大火的蔓延。正當眾人為愛迪生一輩子的成果將毀於一旦而感傷的時候，愛迪生卻吩咐兒子：「快，快把你的母親叫來！」兒子不解地問：「火勢已不可收拾，就是把全市的人都叫來亦無濟於事了，何必還要多此一舉呢？」沒想到愛迪生卻輕鬆地說：「快讓你的母親來欣賞這百年難得一遇的超級大火！」

妻子趕來了，當她看到愛迪生正以微笑來迎接她時，她有些不解地說：「你的一切都將化成灰燼了，怎麼還能笑得出來？」

愛迪生回答說：「不，親愛的，大火燒掉的是我過去所有的錯誤！我將在這片土地上建一座更完善、更先進的實驗室和工廠。」

這是何其曠達的心境！在災難面前，愛迪生的心態令人讚賞！

其實，為失去的東西悲傷是非常愚蠢的行為。你就是為失去的一切毀滅了自己，又有什麼用呢？只有那些懷著一份曠達心境的人，才不會沉湎於自己曾經的擁有，而是懷著對未來無限的希望重新開始更加美好的創造。也許我們許多人都曾經為了失去的金錢、工作、地位、愛情等而傷心啜泣過，但你要相信，在未來的歲月裡，一定還會有一份更加美好的禮物在等待著你。失去的東西只能成為你人生經歷的一部分，只有現在和未來才是你真實的生活。

沒有人能夠控制或改變你的態度，只有你自己能夠。你雖然改變不了環境，但卻可以改變自己的心態。你不能預知明天，但你可以掌握今天，你不能左右天氣，但你可以改變心情。

幸福是一種感覺，快樂是一種選擇。向左走選擇快樂，向右走選擇悲觀。凡事不可能皆如意，就看你怎樣去選擇。而樂觀是一種做人的態度，我們應學會以一種樂觀的態度對待事物。樂觀的人會鼓勵樂觀的人，就像成功會吸引更大的成功一樣，所以樂觀本身就是一種成功。

心態改變命運

為什麼有些人就是比其他的人更成功，賺更多的錢，擁有不錯的工作、良好的人際關係、健康的身體，整天快快樂樂，擁有高品質生活；而另一些人忙忙碌碌卻只能維持生計？

這是在我的腦子中盤旋了幾十年的問題。

生理上，人與人之間並沒有多大的區別。但為什麼有許多人能夠獲得成功，能夠克服萬難去建功立業，有些人卻不行？

心理學家發現，這個祕密就是人的「心態」。

心態對人的前途是影響巨大的，一個人只有擁有良好的心態，才能無懼生活中的困難，才能始終堅定地為自己的理想而努力。也只有這樣的人，才能擁有美好的前途。

曾經，有一家紡織廠，經濟效益不好，工廠決定資遣一批人。在這一批資遣名單裡有兩位女性，她們都四十歲左右，一位是大學畢業生，工廠的工程師，另一位則是普通女工。毫無疑問，就智商而論，這位工程師的智商超過了那位普通工人，但後來工程師的命運卻不如普通女工。

資遣女工程師成了全廠的一個熱門話題，人們紛紛議論著、嘀咕著。女工程師對人生的這一變化深懷怨恨。她憤怒過、她罵過、她也吵過，但都無濟於事。因為資遣人員的數目還在不斷增加，別的工程師也開始資遣了。然而，儘管如此，她的心裡卻仍不平衡，她始終覺得資遣是一件丟人的事。她的心態漸漸地由憤怒轉化成了抱怨，又由抱怨轉化成了內疚。她整天都悶悶不樂地呆在家裡，不願出門見人，更沒想到要重新開始自己的人生，孤獨而憂鬱的心態控制了她的一切，包括她的智商。她本來就血壓高，身體弱，她憂鬱的心態又總是把自己的注意力集中到資遣這件事上。她內心一直都在拒絕這一變化，但這一變化又實實在在地擺在了面前，她無法解脫。沒過多久，她就帶著憂鬱的心態和不低的智商孤寂地離開了人世。

普通女工的心態卻大不一樣，她很快就從資遣的陰影裡解脫了出來。她想別人既然沒有工作能生活下去，自己也肯定能生活下去。她還萌生了一個信念——一定要比以前活得更好！從此以後，她的內心沒有了抱怨和焦慮，她平心靜氣地接受了現實。說來也怪，平心靜氣的心態讓她變得聰明起來，她發現了自己以前從來沒有認真注意過的長處，就是她對烹調非常內行。就這樣，在親戚朋友的支持下，她開起了一家小小的火鍋店。由於她發揮了自己的長處，她經營的火鍋店生意十分興旺，僅用了一年多的時間，她就還清了借款。現在她的火鍋店規模已擴大了幾倍，成了當地小有名氣的餐館，她自己也確實過上了比在工廠上班時更好的生活。

一個是智商高的工程師，一個是智商一般的普通女工，她們都曾面臨著同樣一個困境——資遣，但為什麼她們的命運卻迥然不同呢？原因就在於她們各自的心態不同。

女工程師的心態始終處在憂鬱之中，這樣的心態使得她對自己的人生不可能做出一個公正的評價，更不可能重新揚起生活的風帆。她完完全全沉溺在自己孤獨的內心之中。一個人一旦擁有了這樣的心態，其智商就猶如明亮的鏡子被蒙上了一層厚厚的灰土，根本就不可能映照萬物。所以，儘管女工程師的智商高，但在面對生活的變化之時，她的心態卻阻礙了其智商的發揮。不僅如此，她的心態還把她的智商引向了負面，使她的智商在埋怨和憂鬱的方向上發揮出了威力，換句話說，她的智商越高，她的報怨就越有深，她的憂鬱就越有份量。而與之相反，普通女工的智商雖然一般，但她平和的心態不僅使自己的智商得到了淋漓盡致的發揮，而且還決定了其性質是正面的、積極的，所以，她獲得了成功，過上了比以前更好的日子。

或許，這智商與心態之間的關係，就像是汽車發動機與方向盤的關係一樣。發動機決定著汽車動力的大小，智商也決定著人能力的大小，但是方向盤卻決定著動力的方向，同理，心態也決定著智商的方向。

正如西方一位心理學家所說——「心態是橫在人生之路上的雙向門，人們可以把它轉到一邊，進入成功；也可以把它轉到另一邊，進入失敗。」

成功人士與失敗者之間的差別是：成功人士始終用最積極的思考、最樂觀的精神和最豐富的經驗支配和控制自己的人生。失敗者則剛好相反，他們的人生受過去的種種失敗與疑慮所引導和支配。

有些人總喜歡說，他們現在的境況是別人造成的。這些人常說他們的想法無法改變。在他們這樣說的同時，失敗的命運也就與他們形影不離了。

心態不同，命運不同

曾經有人說過：我們怎樣對待生活，生活就怎樣對待我們。心態和前途也是這樣一種辨證關係，我們用積極的心態對待人生，我們的人生將是一片光明；我們用消極的心態對待人生，我們的人生也就只會是一片灰暗。

有一戶人家的菜園裡有一顆大石頭，到菜園的人不小心就會碰到那顆大石頭，不是跌倒就是擦傷。

兒子問：「爸爸，那塊討厭的石頭，為什麼不把它挖走？」

爸爸這麼回答：「你說那塊石頭啊？從你爺爺那個時候就放在那裡了，它那麼大，不知道要挖到什麼時候才能挖出來，沒事無聊挖石頭還不如走路小心一點。」

幾年過去了，當年的兒子娶了媳婦，當了爸爸，那塊大石頭還在那裡。

有一天，妻子氣憤地對丈夫說：「菜園那塊大石頭把我絆倒過好幾次，我們改天請人搬走吧。」

當年的兒子說：「算了吧。那塊大石頭很重的，要是那麼容易搬走的話，我和爸爸早就搬走了，還等到現在？」

在一旁的老父親也跟著說：「是啊。是啊。要是好搬，不用說和我兒子搬，我和我爸爸早就把它搬走了。」

媳婦心底非常不是滋味，那塊大石頭不知道讓她跌倒了多少次。她決定自己試一試。一天早上，媳婦帶著鋤頭和一桶水來到園子裡。她將整桶水倒在大石頭四周。十幾分鐘以後，媳婦用鋤頭把大石頭四周的泥土攪鬆。

她原以為至少要挖一天，不一會，石頭就被挖出來了，看上去這塊石頭也沒有想像的那麼大，只是不少人當初被那個巨大的外表矇騙了。

你覺得石頭大、石頭重，便不會有搬動它的信心，更不會有去搬它的行動。矇騙人的不只是事物的外表，還有你消極的心態。要改變你的世界，首先必須改變你的心態。如果你的世界沉悶而無望，那是因為你自己沉悶無望。

其實，在我們的周圍有很多這樣的人，他們說：「公司從成立開始就是這樣，如果還能改進，那些老闆、董事、經理人早就做過了，還用得上我嗎？」或者「天那麼高，哪能上去啊，想都別想了，還是老實呆在地上吧！」……如果大家都這樣想，恐怕世界上就沒有知名的企業，因為沒有人敢改革，敢創新；世界上也不會有技藝精湛的廚師、技工、演員、作家，不會有天文學家，不會有飛機、火車、輪船的發明，因為一切都很困難，困難得讓人不敢想。

另外，我們經常會聽到有人抱怨，說上天對自己多麼不公平，未能給自己提供一個良好的環境，從而導致自己一直碌碌無為。那麼，人生的結局真的是由於外界環境所造成的嗎？

當然不是。正如世界著名潛能學大師安東尼．羅賓所說：「影響我們人生的絕不是環境，也不是遭遇，而是我們持什麼樣的心態。」

美國著名的心理學家威廉．詹姆斯說：「我們這一代人最重大的發現是：人能改變心態，從而改變自己的一生。」的確，人生的成功或失敗：幸福或坎坷，快樂或悲傷，有相當一部分是由人自己的心態造成的。

朋友們，我們可千萬不要因為心態而使自己成為一個失敗者。讓我們從現在起，無論在什麼情況下都保持積極的心態，讓整個的身心都充滿勇氣和智慧，把挫折與失敗當成學習的機會。這樣，我們就能早日戰勝自我，超越自我，到達成功的彼岸！

無望的心態每時每刻都暗示你去失敗，失敗是你蓄意指示自己的結果。如果你的心態積極，你就會有熱情、有信心、有智慧……有一切，自然也有成功。

心態健康，身體才健康

每個人的健康對他的生活和工作都起著重要的作用，健康的身體必須要有健康的心態。

有些人每天在醒來時和就寢前都要對自己說「我每天會過得愈來愈好。」對他們來說，這句話天天都在起作用。

其實，說這句話的人，正在運用一種無形的精神力量。無數事實已經證明：人的心態確確實實在影響著人的健康和幸福。

西方心理學家反覆證實了一個觀點：心靈會接受不管多麼荒謬的暗示，一旦接受了它，心靈就會對之做出反應。這就是說，人的理智接受事實，人的心靈則接收暗示。如果給心靈以積極的暗示，心靈就會呈現出積極的狀態；如果給心靈以消極的暗示，那麼，心靈就會呈現出消極的狀態。

西方一位心理學家給我們講述了一個故事——他的一位親戚向一位印度水晶球占卜者卜問吉凶，後者告訴他，他有嚴重的心臟病，並預言他將在下一個新月之夜死去。

這一消極的暗示進入了他的心靈，他完全相信了這次占卜的結果，他果然如預言所說的那樣死了，然而他根本不知道他自己的心態才是死亡的真正原因。這是一個十分愚蠢、可笑的迷信故事。

讓我們看看他真正的死因吧：這位心理學家的親戚在去看那個算命巫婆的時候本來是很快

樂、健康、堅強和精力旺盛的，而巫婆給了他一個非常消極的暗示，他則接受了它。中國有句古語：信則靈，不信則不靈。消極的暗示使他的心態變得消極起來，他非常害怕，在極度恐懼和焦慮中不停地思索他將死去的預言。他告訴了每一個人，還為最後的了結做好了準備。這種必死無疑的心態終於讓他結束了自己的生命。

毫無疑問，不同的人對同一暗示會做出不同的反應。例如，如果你走到船上的一位船員身邊，用同情的口吻對他說：「親愛的夥計，你看上去好像病了。你不覺得難受嗎？我看你好像要暈船了。」

根據他的性情，他要麼對你的「笑話」抱以微笑，要麼表現出輕微的不耐煩。你的暗示這次毫無效果，因為暈船的暗示在這位船員的頭腦中未能引起共鳴。一位飽經風浪的水手怎麼會暈船呢？因此，暗示喚醒的不是恐懼與擔憂，而是自信。

而對於另一個乘客來說，如果他缺乏自信，暈船的暗示就會喚醒他頭腦中固有的對於暈船的恐懼。他接收了暗示，也就意味著他真的會變得臉色蒼白，真的會暈起船來。我們每個人的內心都有自己的信仰和觀念，這些內在的意念主宰和駕馭著我們的生活。暗示一般是無法產生效果的，除非你在精神上接受了它。

因此，我們一定要以積極健康的意念來激發出積極健康的心態，因為只有心態健康了，我們才能有健康的身體。

人生總有許多這樣那樣讓人心煩的瑣事，如果你不善於調節心態，日積月累就會使你的身體處於亞健康狀態，並引起各種各樣的心理疾病。那麼怎麼樣的心態才有益於健康呢？

①保持樂觀情緒。俗話說，「笑一笑，十年少」。樂觀的情緒不僅能使你顯示青春活力，還將有助於增強機體免疫力，免受疾病的侵襲。

②坦然面對現實。在快節奏的都市生活中，人們會面臨種種壓力，勇敢地面對現實，把壓力當作一種挑戰，將更有利於人的身心健康。

③能拋棄怨恨，學會原諒。懷有怨恨心理的人情緒波動較大，不是整天抱怨，就是後悔；不是對人懷有敵意，就是自暴自棄。這樣容易患心理障礙。

④要熱愛生活。當一個人患病時，熱愛生活的人會多方聽取醫生的意見，積極配合治療，並能消除緊張情緒。

⑤富有幽默感。有人稱幽默是「特效緊張消除法」，是健康人格的重要標誌。許多健康的事業成功者，都具有幽默感。

⑥善於宣泄情感。不善於用語言來表達自己的憂傷或難過等感情的人容易患病，而壓抑憤怒對身體也同樣有害，更不能用酗酒、縱慾等不健康的生活方式來逃避現實。傷心的人痛哭一場，或與知心朋友談談心，或參加適當的體育運動後，常會感到心情舒暢，這就是宣泄情感的意義。

⑦擁有愛心。擁有愛心不僅會使世界變得更美好，而且會更有助於自己的身心健康。這不僅是人生的一大樂事，還會使人更長壽。

用積極的心態對待自己的事業和生活

一個人，如果要開創成功的事業，就要抱著必勝的心態去為之奮鬥。當我們對於事物產生懷疑時，只有一個信念可以幫助我們，那就是——期待最好的結果。

眾所周知，在這個世界上，成功而卓越的人畢竟是少數，而失敗平庸的人肯定是多數。成功而卓越的人活得充實、自在、灑脫；失敗而平庸的人則過得空虛、艱難、委瑣。那麼，情況為什麼會是這樣的呢？我們不妨仔細地比較一下成功的人和失敗的人的心態，特別是他們在關鍵時刻的心態，將會十分驚訝地發現：在這種時候，由於每個人心態的不同，其各自的命運與事情的結果會是怎樣的不同。

在推銷員中一直廣泛流傳著這樣一個故事。

有兩個歐洲推銷員到非洲去推銷皮鞋。由於天氣炎熱，非洲人一直都是赤著腳。第一個推銷員看到非洲人這個樣子，立刻失望起來，他想：這些人都赤著腳，怎麼會買我的鞋呢？於是他放棄了努力。而另一位推銷員看到非洲人都赤著腳，則不禁驚喜萬分，在他看來：這些人都沒有皮鞋穿，這皮鞋市場就大了。於是想盡一切辦法，引導非洲人購買皮鞋，最後他自然是滿載而歸。

我們不難看出，這就是不同的心態所導致的不同的結果。同樣是非洲市場，同樣面對赤著腳的非洲人，由於不同的心態，一個人灰心失望，不戰而敗；而另一個人則滿懷信心，大獲全勝。

面對同樣的機會，積極心態有助於人們克服困難，發掘自身的力量，幫助人們踏上成功的彼岸。養成消極思維的人則會看著機會漸漸遠去，卻不會採取行動。消極心態會在關鍵時刻散布疑雲，使人錯失良機。

消極心態與積極心態一樣，也能產生巨大的力量。有時候，消極心態的力量還有可能大於積極心態的力量。我們不僅要最大限度地發揮和利用積極心態的力量，也應該極力排斥消極心態的力量。

成功的人大都以積極心態支配自己的人生，他們始終以積極的思考、樂觀的精神和輝煌的經驗來支配和控制自己的人生；失敗的人則總是被過去的種種失敗和疑慮引導支配，他們悲觀失望、消極頹廢，因而最終走向了失敗。以積極心態支配自己人生的人，總是能積極樂觀地正確處理人生遇到的各種困難、矛盾和問題；以消極心態支配自己人生的人，總不願也不敢積極地解決人生所面對的各種問題、矛盾和困難。

我們經常聽人說，他們現在的境況是別人造成的，環境決定了他們的人生位置。這些人常說他們的想法無法改變。但事實上不是這樣的，他們的境況根本不是周圍環境造成的。說到底，如何看待人生，完全由我們自己決定。

維克托．弗蘭克爾是二戰時納粹德國某集中營的一位倖存者。他說：「在任何特定的環境中，人們還有一種最後的自由，那就是選擇自己的態度。」

馬爾比．D．馬布科克也曾說：「最常見同時也是代價最大的一個錯誤，是我們認為成功有賴於某種天才、某種魅力、某些我們不具備的東西。」

總而言之，成功的要素其實掌握在我們自己的手中。成功是積極心態的結果。我們究竟能飛多高，並非完全由我們的某些其他的因素決定，而是由我們自己的心態所制約的。我們的心態在很大程度上決定了我們人生的成敗。比如：

①我們怎樣對待生活，生活就怎樣對待我們。

②我們怎樣對待別人，別人就怎樣對待我們。

③我們在一項任務剛開始時的心態，就決定了我們最後將有多大的成功，這是最重要的因素。

④在任何重要組織中，我們的地位越高，我們就越能找到最佳的心態。

當然，有了積極心態並不能保證事事成功，但一直持消極心態的人則一定不會成功。讓我們不斷地用積極的心態來對待自己的生活和事業吧。播出積極的種子，必定會收穫成功的果實。

控制心態，做個成熟的人

成功學家拿破崙．希爾曾說：「心態決定成功。」這是一個事實。如果心態積極，就能以某種方式把內心中最常出現的想法轉化成事實；如果一個人預期自己會失敗，他當然就會得此惡果；如果一個人總要在機會裡發現一些消極、負面的事，那麼他所做的事也無法積極順利地完成。

有一位心理學家為了研究心態對人的影響到底有多大，他做過一個實驗：這位心理學家讓幾個學生穿過一間黑暗的房間。接著，心理學家打開房間裡的一盞燈，在昏黃如燭的燈光下，當學生們看清楚房間的布置後，不禁嚇出一身冷汗。

原來，這間房子的地面是一個很深很大的水池，池子裡蠕動著各種毒蛇，就在這蛇池的上方，搭著一座很窄的木橋，他們剛才就是從這座木橋走過來的。

當心理學家讓他們再次走過這座橋時，大家你看看我，我看看你，都沉默著不願主動過橋。過了好一會兒，終於有三個學生猶猶豫豫地站了出來。其中一個學生一上去，就異常小心地挪動著雙腳，速度比第一次慢了好多倍；另一個學生戰戰兢兢地踩在小木橋上，身子不由自主地顫抖著，走到一半，就挺不住了；第三個學生乾脆彎下身來，慢慢地趴在小橋上爬了過去。

瞬間，房間裡又亮了幾盞燈。學生們揉揉眼睛再仔細看，發現在小橋的下方裝著一道顏色極黯淡的安全網，只是他們剛才都沒有看出來。

「你們當中還有誰願意通過這座小橋？」心理學家大聲地問。

仍舊沒有人作聲。

「你們為什麼不願意呢？」心理學家接著問道。

「這張安全網的品質可靠嗎？」學生們驚恐地說。

心理學家笑了：「我們的實驗結束了，這座橋本來不難走，可是橋下的毒蛇對你們造成了心理威懾。於是，你們就失去了平靜的心態，亂了方寸，慌了手腳，表現出各種程度的膽怯。可見，心態對行為有很大的影響。」

的確，心態對人的行為有著極大的影響。消極的心態只會產生消極的思想，而消極的思想一旦占據了大腦，我們就會對即將要做的事情失去信心，從而導致無論做什麼事情都會失敗的惡果。

美國成功學家羅賓說過：「面對人生逆境或困惑時所持的信心，遠遠都比任何事來的重要。」

一個小孩相貌醜陋，說話口吃，而且因為疾病導致左臉局部麻痺，嘴角畸形，講話時嘴巴總是歪向一邊，並還有一隻耳朵失聰。為了矯正自己的口吃，這個孩子模仿他聽到的一位著名演說家的故事，嘴裡含著小石子講話。

看著嘴巴和舌頭被石子磨爛的兒子，母親流著眼淚抱著他，心疼地說：「不要練了，媽媽一輩子陪著你。」懂事的他替媽媽擦著眼淚說：「媽媽，書上說，每一隻漂亮的蝴蝶，都是自己衝破束縛它的繭之後才變成的，我要做一隻美麗的蝴蝶。」

他的努力沒有白費，他終於可以流利地講話了。由於勤奮和善良，在中學畢業時，他不僅取得了優異的成績，還獲得了良好的人緣。

一九九三年十月，他參加全國總理大選。他的對手居心險惡地利用媒體誇張地指責他的臉部缺陷，然後配上這樣的廣告詞：「你要這樣的人來當你的總理嗎？」但是，這種極不道德的、帶有人格侮辱的攻擊招致了大部分選民的憤怒和譴責。他的成長經歷被人們知道後，贏得了選民極大的同情和尊敬。他說的「我要帶領國家和人民成為一隻美麗的蝴蝶」的競選口號，使他以高票當選為總理，並在一九九七年再次獲勝，連任總理，人們親切地稱他是「蝴蝶總理」。

他就是加拿大第一位連任兩屆的總理克雷蒂安。

絕大多數失敗者如果能夠拋開失敗的想法、擺脫失敗的陰影，他們最終都將獲得成功。學會如何清除思想中的垃圾，拋開恐懼與焦慮，讓我們的思想充滿自信、活力與希望，是一門偉大的藝術。如果我們能夠掌握這門藝術，我們將能夠建立一種具有創造性的、積極的思想態度。有時，我們會不由自主地向外界流露出我們的思想，流露出我們的希望或是恐懼；而我們的名譽地位以及別人對自己的評價往往取決於我們的成功。

心態就是一切

如同一枚硬幣的兩面，人生也有正面和背面。光明、希望、愉快、幸福……這是人生的正面；黑暗、絕望、憂愁、不幸……這是人生的背面。那麼，你會選擇哪一面呢？

卡內基曾講過一個故事，對我們每個人都有啟發：塞爾瑪陪伴丈夫駐紮在一個沙漠的陸軍基地裡，她丈夫奉命到沙漠裡去演習，她一人留在陸軍的小鐵皮房子裡，天氣熱得受不了——在仙人掌的陰影下也是華氏一二五度。她沒有人可聊天，只有墨西哥人和印第安人，而他們不會說英語。她太難過了，就寫信給父母，說要丟開一切回家去。她父親的回信只有兩行，這兩行字卻永遠留在她心中，完全改變了她的生活。這兩行字就是：

兩個人從牢中的鐵窗望出去，一個只看到泥土，另一個卻看到了滿天的星星。

塞爾瑪一再地讀這封信，覺得非常慚愧。她決定要在沙漠中找到星星。

塞爾瑪開始和當地人交朋友，他們的反應使她非常驚奇，她對他們的紡織、陶器表示興趣，他們就把最喜歡的、捨不得賣給觀光客人的紡織品和陶器送給了她。塞爾瑪研究那些引人入迷的仙人掌和各種沙漠植物，又學習有關土撥鼠的常識。她觀看沙漠日落，還尋找海螺殼，這些海螺殼是幾萬年前沙漠還是海洋時留下來的……原來難以忍受的環境變成了令她興奮、流連忘返的奇景。

是什麼使這位女士內心有了這麼大的轉變？

沙漠沒有改變，印第安人也沒有改變，而是這位女士的心態改變了。一念之差，使她把原先認為惡劣的情況變成了一生中最有意義的冒險。她為發現新世界而興奮不已，並為此寫了一本書，以《快樂的城堡》為書名出版了。她從自己造的牢房裡看出去，終於看到了星星。

成功最大的敵人就是自己的消極心態。這種心態常常把我們嚇倒。要想成功卓越，必須牢固樹立積極成功的心態，徹底清除消極失敗的心態。正如莎翁所說：「消極是兩座花園之間的一堵牆壁。它分割著時季，擾亂著安息，把清晨變為黃昏，把晝午變為黑夜。」

你聽說過「兩個女人一條腿」的故事嗎？她們一個叫艾美，是美國女孩；另一個叫希茜，是英國女孩。她們聰明、美貌，但都有殘疾。

艾美出生時兩腿沒有腓骨。一歲時，她的父母做出了充滿勇氣但備受爭議的決定：截去艾美的膝蓋以下部位。艾美一直在父母懷抱和輪椅中生活。後來，她裝上了假肢，憑著驚人的毅力，她現在能跑、能跳舞和滑冰。她經常在女子學校和殘疾人會議上演講，還做模特兒，頻頻成為時裝雜誌的封面女郎。

與艾美不同的是，希茜並非天生殘疾，她曾參加英國《每日鏡報》的「夢幻女郎」選美，並一舉奪冠。一九九〇年她赴南斯拉夫旅遊，決定僑居異國。當地內戰期間，她幫助設立難民營，並用做模特兒賺來的錢設立希茜基金，幫助因戰爭致殘的兒童和孤兒。一九九三年八月，在倫敦她被一輛警車撞倒，肋骨斷裂，還失去左腿，但她沒有被這一不幸所擊垮。她後來奔走於車臣、柬埔寨，像戴安娜王妃一樣呼籲禁雷，為殘疾人爭取權益。

也許是一種緣分，希茜和艾美在一次會見國際著名假肢專家時相識。她們現在情同姐妹。她們雖然肢體不全，但不覺得這是什麼了不得的人生憾事，反而覺得這種奇特的人生體驗給了她們堅韌的意志和生命力。她們現在使用著假肢，行動自如。但在坐飛機經過海關檢測時，金屬腿常引發警報器鈴聲大作。只有在這時，才顯出兩位大美人的腿與眾不同。

只要不掀開遮蓋著膝蓋的裙子，幾乎沒有人能看出兩位美女套著假肢。她們常受到人們的讚歎：「你的腿形長得真美，看這曲線，看這腳踝，看這腳趾甲塗得多鮮紅！」

她們中的艾美說：「我雖然截去雙腿，但我和世界上任何女性沒有什麼不同。我愛打扮，希望自己更有女人味。」

你看這姐倆，她們幾乎忘了自己是殘疾人。她們沒有工夫去自怨自艾，人生在她們眼裡仍是那麼美好。也有異性在追求她們，她們和別的肢體健全的女孩一樣，也有著自己的愛情。

人生充滿了選擇，而心態就是一切。心態好，一切都好。

笑對人生，對厄運說「無所謂」

生活不是一種罪過，當厄運降落時，嘗試著凝視天空，或許堆積在心中的愁緒會慢慢的消失。即使今天的你還殘留著昨天的傷痕，你也一樣可以靜靜的等待，等到冰雪融化的那一天，你就能吸取溫暖。

保樂在遭到失業的痛苦的同時，父母又在一件意外事故中身亡了。經過這些致命的打擊後，他已經對生活失去了熱情，終日借酒澆愁。

一天，保樂又到一家酒店去買醉時，偶遇了一位心理學家。當心理學家了解了保樂的情況後，便對他說：「我有句三字箴言要送給你，它會對你的生活有一定的幫助，而且是使人心態平和的良方。這三個字就是『不要緊』。」

清醒後的保樂用了三天時間來領悟這三字箴言所蘊含的智慧。於是，他把這三個字寫下來，貼在家裡的牆壁上，他決定今後再也不會讓挫折和失望來破壞自己平和的心情。

後來，保樂果真遇到了生活的考驗，他無可救藥地愛上了房東的女兒。她對他來說就像生命一樣重要，保樂從看到她的第一眼起，就確信她是自己今生唯一的伴侶，如果沒有她，自己肯定活不下去。但是，房東的女兒拒絕了保樂，並婉轉地告訴他，自己已經有了未婚夫。這時，保樂以她為中心構建的世界在瞬間就土崩瓦解了。那幾天，保樂覺得牆上貼著的「不要緊」三個宇根本沒有用，甚至覺得好笑。

一個星期後，保樂透過冷靜的分析後，覺得這三個字對自己來講又有了不同的意義。他在想：到底有多要緊？那女孩很重要，自己也很要緊，快樂也很要緊。但自己希望和一個不愛自己的人結婚嗎？答案當然是否定的。

一個月後，保樂發現沒有房東的女兒，自己也照樣可以生活得很好，甚至感覺到一個人生活心情也能放鬆。他堅信將來肯定有另一個人愛他的女孩進入自己的生活，即使沒有，自己也會過得很開心的。

三年後，一個漂亮溫柔的女孩走進了保樂的生活。在高興地籌備婚禮的時候，保樂把那三個字從牆上撕下，扔進了垃圾桶中。他認為自己以後將永遠快樂，人生旅途中不會再有失敗和挫折。

的確，結婚的前幾年，他們過得很快樂。保樂有了一份理想的工作，妻子為他生了一對雙胞胎女兒，他們還有一定數額的存款。保樂覺得日子過得愜意極了。

在徵得妻子的同意後，保樂把所有的存款都投進了股市。但是，就在他買了股票後不久，股市連連下跌。保樂由於沒有投資經驗，他被股市牢牢套住了，家裡所有的開支僅靠他的薪水了，他們的生活又降到了僅能維持溫飽的狀態。

保樂的心裡非常難受，他又想起那句三字箴言：「不要緊！」保樂心想：上帝啊！這一次可真的是不要緊，而是要命，我的生活怎樣才能得以維持下去呢？

一天，就在保樂又沉浸在悲傷之中時，那對雙胞胎女兒咿呀咿呀學語地聲音吸引了他的注意力。兩個女兒坐在地毯上，朝他張開雙肩，兩個女兒臉上的笑容是那麼令人動容。這一刻，保樂覺得自己的心情受到了強烈的衝擊。他想：如此可愛的女兒，善良的妻子，這已是上蒼賜給我的無價之寶。而我在股市上損失的只是金錢，一切都會好起來的，實在「不要緊」。

不久，保樂又變得像以前一樣的樂觀，他再也不為金錢的損失而煩惱了。而生活也像他所期待的一樣，過得甜甜蜜蜜。

當我們遭到命運的撞擊時，都會本能的將它放大，很多時候我們就是被這種放大的困難嚇倒，失去了前進的勇氣。但是，「無所謂」的態度會給我們帶來戰勝厄運的勇氣與魄力，它號昭著我們與命運前行，在困難面前幫我們擊落放大鏡，給了我們一份淡然、豁達和一份笑對人生的樂觀。

第五章 寬容豁達，不斤斤計較

寬容並不是對他人的恩賜和無原則的寬恕，而是一種理解，一種將心比心。人要有度量，凡事看得淡一點，不那麼斤斤計較的話，就省去了許多力不從心的煩惱。

學會善待他人

要想別人善待你，你就應該善待別人，不要暴躁、不要衝動、不要逞強，凡事三思而行。做一個寬厚的人，做一個善良的人，做一個善待他人的人。

一位婦女因為丈夫不再喜歡她了而煩惱。於是，她祈求神給她幫助，教會他一些吸引丈夫的方法。神思索了一會兒對她說：「我也許能幫你，但是在教會你方法前，你必須從活獅子身上摘下三根毛給我。」

恰好有一頭獅子常常來村裡遊蕩，但是它那麼兇猛，叫起來人都嚇破了膽，怎麼敢接近它呢？但是，為了挽回丈夫的心，她還是想到了一個辦法。

第二天早晨，她早早起床，牽了隻小羊去那頭獅子常去的地方，放下小羊她便回家了。以後每天早晨她都要牽一隻小羊給獅子。不久，這頭獅子便認識了她，因為她總是在同一時間、同一地點放一隻小羊討它喜歡。她確實是一個溫柔、殷勤的女人。

不久，獅子一見到她便開始向她搖尾巴打招呼，並走近她，讓她敲它的頭、摸它的背。每天女人都會站在那兒，輕輕地拍它的頭。女人直到獅子已經完全信任她了，於是，有一天，她細心的從獅子鬢上拔了三根毛。她激動得拿給神看，神驚奇地問：「你用什麼絕招弄來的？」

女人講了經過，神笑了起來，說道：「依你馴服獅子的方法去馴服你的丈夫吧！」善待他人，連勇猛的獅子都能被你的溫柔所折服，更何況一般的人呢？善待周圍的一切人，周圍的一切人都會善待你。

一八九八年冬天，羅吉士繼承了一個牧場。有一天，他養的一頭牛，因衝破附近農家的籬笆去嚙食嫩玉米，被農夫殺死了。按照牧場規矩，農夫應該通知羅吉士，說明原因。但農夫沒這樣做。羅吉士發現了這件事，非常生氣，便叫一名傭工陪他騎馬去和農夫論理。

他們半路上遇到寒流，人、馬身上都掛滿冰霜，兩人差點凍僵了。抵達木屋的時候，農夫不在家。農夫的妻子熱情地邀請兩位客人進去烤火，等她丈夫回來。羅吉士在烤火時，看見那女人消瘦憔悴，也發現五個躲在桌椅後面對他窺探的孩子瘦得像猴兒。

農夫回來了，妻子告訴他羅吉士和傭工是冒著狂風嚴寒來的。羅吉上剛要開口跟農夫論理，忽然決定不說了。他伸出了手。農夫不曉得羅吉士的來意，便和他握手，留他們吃晚飯。「二位只能吃些豆子，」他抱歉地說，「因為剛剛在宰牛，忽然起了風，沒能宰好。」

盛情難卻，兩人便留下了。

在吃飯的時候，傭工一直等待羅吉士開口講起殺牛的事，但是羅吉士只跟這家人說說笑笑，看著孩子一聽說從明天起幾個星期都有牛肉吃，便高興得眼睛發亮。

飯後，朔風仍在怒號，主人夫婦一定要兩位客人住下。於是，兩人又在那裡過夜。

第二天早上，兩人喝了黑咖啡，吃了熱豆子和麵包，肚子飽飽地上路了。羅吉士對此行的來意依然閉口不提。傭工就責備他：「我還以為你為了那頭牛大興問罪之師呢。」

羅吉士半晌不做聲，然後回答：「我本來有這個念頭，但是我後來又盤算了一下。你知道嗎，我實際上並未白白失掉一頭牛。我換到了一點人情味。世界上的牛何止千萬，人情味卻稀罕不已。」

一個人冒犯你或許會有某種值得同情的原因，羅吉士面對善良的農夫和他的妻子，徹底原諒了他們。在牛與人情味之間，羅吉士更珍視後者。

寬容猶如春天，可使萬物生長，成就一片陽春景象。宰相肚裡能撐船，不計過失是寬容，不計前嫌是寬容，得失不久據於心，亦是寬容。寬容不會失去什麼，相反會真正得到；得到的不只是一個人，更會是得到人的心。

原諒傷害你的人

我們雖然各自走著自己的生命之路，但是難免還會有碰撞。即使最和善的人也難免有時要傷別人的心。說不定就在昨天，或許是在很久以前，某個人傷害了你的感情，而又很難忘掉它。但是你必須學會原諒傷害你的人。這是交友的一種良好品格。

「既生瑜，何生亮？」看過《三國演義》的都知道，雄姿英發的周瑜為他的對手孔明所氣，大叫一聲，吐血而死，而留下一個「諸葛亮弔孝」的假哭戲。仇視、憤恨都沒有任何益處，只能徒傷自己而令敵人稱快。「為你的仇敵而怒火中燒，燒傷的是你自己」。因此，耶穌在《聖經》

裡鼓勵人們「愛你的仇人」，「愛你們的仇敵，善待恨你們的人；詛咒你的，要為他祝福；凌辱你的，要為他禱告。」可是，如果你用報復的手段對待對手，你會招至一個什麼樣的局面呢？它將使你的對手更堅定地站在你的對立面，去阻撓、破壞你的行動，破壞你創造的一切成果。而你也會因為心中充斥報復的憤怒無暇他顧，你的理想和目標就不會那麼輕易的實現。

與人結怨的習慣，只能讓你越來越難受，不是一種好品格。為了保持一個健康的心靈和體魄，為了實現你的理想和抱負，學會原諒那些曾傷害過你的人吧！當別人損害了你的利益時，應該以一顆寬容之心對待他，這樣，你自己的心靈不但能得到解脫，同時你的寬容也能拯救朋友墮落的靈魂。

寬恕曾經傷害過我們的人是避免痛苦的最好方法。寬恕不只是慈悲，也是修養。寬恕之所以很困難，是因為我們都認為，每個人都應該為自己所犯的錯誤付出代價，這樣才符合公平正義的原則，否則豈不便宜了犯錯的一方？但是不寬恕會產生什麼結果或副作用呢？例如痛苦、埋怨、憎惡、報復等等，這些結果值不值得再承受，恐怕才是更重要的一個問題。

《菜根譚》中有句話：「徑路窄處，留一步與人行；滋味濃時，減三分讓人嘗。此是涉世的極樂法。」在道路狹窄之處，應該停下來讓別人先行一步。只要心中常有這種想法，那麼人生就會快樂安詳。因此走不過的地方不妨退一步，讓對方先過，就是寬闊的道路也要給別人三分便利。若朋友未能滿足自己的需求，或有什麼過錯做了對不起自己的事情，切不可懷恨在心。因為怨恨不僅會加深朋友間的誤會，影響友情，而且還會擾亂正常的思維，引起急躁情緒。凡事要換個角度想想，這樣或許能夠理解朋友的所作所為，自己也會得到心靈上的解脫。

寬恕是一種能力，一種停止讓傷害繼續擴大的能力。沒有這種能力的人，往往需要承擔因為報復所產生的風險，而這風險往往難以預料。不愉快的記憶，使我們不能從被傷害的陰影中平安歸來，痛苦總是如影隨形，我們也就不能放鬆和平靜了。所以讓我們以一顆寬恕的心去對待曾經傷害過我們的人吧！

君子不計小人過

君子是一個雅名，但做真君子卻非易事，那首先是一種涵養，至少不與小人計較。如果你與小人計較，你就不配君子的名號。小人沒有不斤斤計較的，君子自與此不同。俗話說的好，鞋不踩臭狗屎，就是這個道理。若與小人計較，自己豈不等同於小人了？所以真君子都有雅量，成大事業者犯不上與小人計較，以免陰溝裡翻船，那太不值得了。

戰國時，魯平公有一天想出來接見孟子。魯平公的心腹臧倉在魯平公面前說孟子的壞話：「禮義是要從賢者身上表現出來的，而孟子的喪事一個接著一個，可見他並不守禮義。您不要去見他。」平公說：「好。」便沒有見。後來孟子的學生叫樂正克的來告訴孟子說：「魯平公要來見您，他的心腹臧倉攔住了他，最終使魯公來不成。」孟子說：「我不能見到魯侯，這是天意。臧家的那個孩子怎麼能使我不能見到魯公呢？」

可見孟子作為聖賢待人多麼仁慈溫厚，不與小人計較到什麼程度。

東漢桓帝時，有一個人叫左原，是陳留人，是郡學的學生，曾經因為犯法被開除了。郭林宗曾經在路上碰到他，便安排了酒席安慰他。林宗對他說：「以前顏涿聚是梁甫的大強盜，段干木是晉國的大馬販子。最後一個成了齊國的忠臣，一個成了魏國的大賢人。希望你千萬不要怨恨，要多反省自己。」左原接受了林宗的話。當時有人諷刺郭林宗不和惡人斷絕交往。林宗說：「人如果不仁義，而你又恨他過度，是要出亂子的。」左原頂不住周圍人的譏諷和白眼，忽然又生怨恨，結交了一批刺客，想殺掉太學裡的那批人。那天，林宗正好在太學裡。左原感到辜負了林宗的教誨和信任，很是慚愧，就回去了。

東漢陳寔是個有志向，好學習的人。先做潁川郡功曹，後來為太丘長。靈帝初年，碰上中常侍張讓的父親死了，歸葬潁川。雖然一郡的人都去弔喪，但名士們一個都不去。張讓感到特別羞愧。而陳寔一個人去吊了喪。後來朝廷發生了黨錮之禍，大殺名士。張讓對當年陳寔的行為感恩戴德，所以放過了許多名士。

張讓感陳寔的恩德，而免去了潁川名士的災禍；左原接受了郭林宗的勸願，而消除了他對太學的仇恨。所以說：使惡人感恩戴德，不與他計較，總有一天能免禍。小人大多是恩仇必報的，與他計較，不是自取其辱嗎？

程頤說：「憤欲忍與不忍，便見有德無德。君子之所以為君子，就在於他能容納小人。常言道：「水至清則無魚。人至察則無徒」。這就告訴我們，如果對事物的觀察太敏銳，就會覺得他人渾身都是缺點，不值得與之交往；另一方面，旁人也會對他的過分挑剔，感到難以忍受，而不願意追隨他。實際上，越是汙穢的土地，土質越肥沃，有利於萬物的生長；同樣，水流過於清澈，就很難產生魚類。所以說，君子要有寬宏的度量，不自命清高，要能夠忍讓，能夠接納世俗乃至醜惡的事物，這就是「君子不計小人過」的實質。

君不見在日常生活中，也包括在工作中，有不少人往往為了非原則問題，小小皮毛問題爭得不亦樂乎，誰也不甘拜下風，有時說著論著就較起真來，以至於非得決一雌雄才算罷休，結果嚴重的大打出手，或者鬧個不歡而散，雞飛狗跳影響團結，這是堅絕不可取的。那麼當自己遇到與人發生矛盾衝突後究竟應該怎麼辦呢？糊塗哲學告訴我們：必須是「得饒人處且饒人」，即既不要因為不值得的小事去得罪別人，更要能以一種豁達的心胸，以君子般的坦然姿志原諒別人的過錯。

在生活中，也確實有不少「君子不計小人過」的事例，文人宋綞輯錄的《碩輔寶鑒》中，就記載著這樣三則故事，很耐人尋味：

第一則故事講唐朝的狄仁杰。高宗時狄仁杰是大理丞後為豫州刺史、洛州司馬。天授二年（公元六九一）年，他做了宰相，有一天，武則天對他說：「你在汝南有善政，然而有人說你的壞話，你想知道嗎？狄仁杰說：「陛下認為他說得對，臣當改正；認為臣沒有那樣的過錯，那是臣之幸也。至於是誰說臣的壞話，臣不願意知道」。武則天聽了很高興，稱讚狄仁杰是一個寬宏大量的長者。

第二則故事講唐朝的陸贄。陸贄在德宗時當過中書侍郎、門下同平章事。當初，御史中丞竇參常常排擠陸贄。後來竇參被李巽參奏，德宗大怒欲殺之。陸贄替竇參講情，才未被殺，被貶到獾州當司馬。德宗又想株連竇的親人，沒收他的家產，陸贄請皇上加以寬恕。世人無不稱讚陸贄公正誠實，以德報怨。

第三則故事講宋朝的呂蒙正。蔡州的知州張紳犯貪汙罪被免職。有人對宋太祖趙光義說：「張紳很有錢，不至於貪汙，是呂蒙正貧窮時向他索取財物沒有如願，現在對他報復。呂蒙正不申辯，結果張紳復了官，呂蒙正被罷了宰相的官職。後來考課院查到張紳貪汙的證據，於是又免了張紳的官職，呂蒙正重當宰相。太宗對呂蒙正說：張紳果然有贓，呂蒙正也不謝。宋稱讚呂蒙正的氣度不是那些淺薄的人可以做得到的。

這種寬厚與容忍絕對不是爭鬥的小人所能夠做到的，明知對方錯了，卻不爭不鬥反而認輸，雖然自己吃點小虧，但使別人不受損。不爭表面形式的輸贏，而重思想境界和做人水準的高低，這樣的人其實活得很瀟灑。歷史上的這三個人，由於能不計小人過，不但沒有絲毫損害自己的名聲，反而更受到大家的稱道。

寬恕是一種美德

寬恕，是人類的一種美德，寬恕的本身，除了減輕對方的痛苦之外，事實上，也是在昇華自己。因為，當我們寬恕別人的時候，我們反而能得到真正的快樂。犯錯是常見的平凡，寬恕卻是一種超凡。假如我們看別人不順眼，對別人的行為不滿意；痛苦的不是別人，而是自己。

一般人說：「我恨你！」，但是你恨死對方，對方也許並不知情。因為不知情，他不會有任何損失，也不會有什麼負擔，反倒是你自己的內心，因為有「恨」而一刻也不得寧靜，痛苦不已，因此，我們要了解，「恨」是世界上最愚痴的行為。

唯有懂得寬恕別人，才能得到真正的快樂。如果一個人的快樂，是希望從別人身上去獲得，那會比一個乞丐沿門乞討還要痛苦。

寬恕是一種能力，一種控制傷害繼續擴大的能力。

寬恕不只是慈悲，也是修養。

生活中，寬恕可以產生奇蹟，寬恕可以挽回感情上的損失，寬恕猶如一個火把，能照亮由焦躁、怨恨和復仇心理鋪就的黑暗道路。

我們不妨來看看這個天真爛漫的十六歲少女愛倫的故事。她的生母遺棄了她，這讓她非常氣憤，她常常問自己為什麼生母不撫養她呢？後來，她找到自己的生身父母，發現他們很年輕，十分貧窮，而且沒有結婚，只是同居在一起而已。

這時，愛倫的一個閨密懷孕了，後來又因為害怕把嬰兒打掉了。愛倫幫助她的閨密渡過了難關。漸漸地，她懂得了，在這種環境下，這麼做是對的。她開始理解自己生母當時的處境了——因為太愛自己的孩子，所以只得送給別人，否則就會餓死。愛倫的同情心使她的憤怒情緒漸漸平息，她原諒了自己的生母，並找到了自己作為一個堅強有用的人的價值。

愛倫的做法是可愛的、明智的，當我們寬恕別人的時候，也正是我們人類固有的非凡的創造行為得以實現的時候，我們既治癒了創傷，又創造了一個擺脫過去痛苦的新起點。

悠悠歲月，茫茫人海，誰能保證不犯一點點的錯誤呢？拋棄怨恨，選擇寬恕吧，寬恕別人，也是給自己一片新天地。

快樂不是別人可以給我們的，而是要由我們自己來解脫，自己來超越。想要得到快樂，就不要太過於敏感。因為這種人，對週遭的一切都太在乎、太在意了，那就像自己拿了好多條繩子綁住自己一樣，真是自找麻煩，自討苦吃。

因此，快樂要先學習從寬恕別人而來，寬恕是昇華自己的本源，兩者相輔相成，若能如實地運用在生活當中，那麼，便能心寬如海，遠離痛苦了。

其實，寬恕也是治癒傷害的良藥。對於大多數人來說，寬恕他人要作很大的努力，但至少可以從憎恨他人的苦惱中解脫出來。如果不能寬恕，那麼，至少可以忘掉他人對自己的傷害。

亞伯拉罕對上帝說：「上帝哦，我的兄弟已經傷害我七次，請問我還能寬恕他幾次？」

上帝說：「你還要寬恕他人一千次。」

內心的平靜，是透過改變你自己而獲得的，而絕不是透過報復獲得的。為了你自己、為了快樂、為了內心的平靜、為了光明的未來，請你改變你自己。你寬恕了傷害你的人，你將獲得更多，生活也將更加美好！

海納百川，有容乃大

林則徐有一句名言：「海納百川，有容乃大。」與人相處，有一分退讓，就受一分益；吃一分虧，就積一分福。相反，存一分驕，就多一分屈辱，占一分便宜，就招一次災禍。所以說：君子以寬容忍讓為上策。

在這個世界上，有許多不幸的事都是由於人們之間缺乏包容心而引發的。這些皆因人與人之間的不能容忍與不能包容，和愚昧是同樣的意義，而且這種愚昧，還是野蠻人和暴徒的愚昧；因為他們對於世間的事物認識不清，由隔膜而誤會，由誤會而發怒。法國人有句話：「能夠了解一切事物，便能寬恕一切事物。」

有一天，約翰到法國旅行，在法國一個鄉村的小民宿裡開了房間。宿主領著他來到最乾淨的一間房裡，然後很抱歉地告訴約翰說：「這房子裡沒有自來水和浴室的設備。」因此，約翰便罵法國人是退化的、不講衛生的野蠻人。接著他便得意地向那主人誇口道，在他的國家，無論大小旅館，每一間房都有冷熱自來水和浴室的設備，又說這並非是奢侈，乃是必需品。

然而，約翰的話並不是全對的，這些且不必說，那個老實的民宿主人，本想討好客人，現在卻適得其反，感覺非常的痛心。可是，約翰所得到的優越性，不過是無限的誇大和虛偽的吹噓而已。

相傳古代有位老禪師，一天晚上在禪院裡散步，突見牆腳邊有一張椅子，他一看便知有位出家人違反寺規越牆出去蹓躂了。老禪師也不聲張，走到牆邊，移開椅子，就地而蹲。少頃，果真有一小和尚翻牆，黑暗中踩著老禪師的背脊跳進了院子。當他雙腳著地時，才發覺剛才踏的不是椅子，而是自己的師傅。小和尚頓時驚慌失措，張口結舌。但出乎小和尚意料的是，師傅並沒有厲聲責備他，只是以平靜的語調說：「夜深天涼，快去多穿一件衣服。」

老禪師寬容了他的弟子。他知道，寬容是一種無聲的教育。

寬容讓你獲得心靈的寧靜，錙銖必較的人往往不能獲得，而是失去更多。

享受寬容的幸福，就應該學會寬容。寬容他人對你的嘲笑，寬容朋友對你的誤解，寬容領導對你的錯怪。寬容一切你該寬容的，你會覺得你的心海寬闊得可以容納山川大海，你會覺得你變得越來越豁達高尚。

退一步海闊天空，讓三分心平氣和

一個人的名望、地位能代替，而一個人的舉止氣質則不可以代替。荀子告訴人們，長者的風範是這樣：所戴的帽子高大，衣服寬敞，面色溫和，莊莊重重的，嚴嚴肅肅的，寬寬舒舒的，大大方方的，開開脫脫的，明明朗朗的，坦坦蕩蕩的。張英有長者的風範，「千里來信為堵牆」之事，為後人留下了一個美好的傳說。俗話說：「若要好，大讓小。」對一些小事或意氣之爭聽而不聞，付之一笑，有這種氣度，就顯示出君子的風度來。

康熙年間的某一天，一騎快馬跑進宰相府。並不是天下出了什麼大事，宰相張英收到一封來自安徽桐城老家的信。

原來，他們家與鄰居葉家發生了地界糾紛。兩家大院的宅地，大約都是祖上的產業，時間久遠了，本來就是一筆糊塗帳。想占便宜的人是不怕糊塗帳的，他們往往過分自信自己的鐵算盤。兩家的爭執頓起，公說公有理，婆說婆有理，誰也不肯相讓一絲一毫。由於牽涉到宰相大人，官府都不願沾惹是非，糾紛越鬧越大，張家只好把那件事告訴張英。

張英大人閱過來信，只是釋然一笑，旁邊的人面面相覷，莫名其妙。只見張大人揮起大筆，一首詩一揮而就。詩曰：「千里家書只為牆，讓他三尺又何妨。萬里長城今猶在，不見當年秦始皇。」交給來人，命快速帶回老家。

家裡人一見書信回來，喜不自禁，以為張英一定有一個強硬的辦法，或者有一條錦囊妙計，但家人看到的是一首打油詩，敗興得很。後來一合計，確實也只有「讓」這唯一的辦法，房地產是很可貴的家產，但爭之不來，不如讓三尺看著。於是立即動員將垣牆拆讓三尺，大家交口稱讚張英和他的家人的曠達態度。

他家宰相肚裡能撐船，咱們也不能太落後。宰相一家的忍讓行為，感動得葉家人熱淚盈眶。全家一致同意也把圍牆向後退三尺。兩家人的爭端很快平息了，兩家之間，空了一條巷子，有六尺寬，有張家的一半，也有葉家的一半，這條一百多公尺長的巷子很短，但留給人們的思索卻很長很長。

張英先生乃一人之下萬人之上的宰相，權勢顯赫，如果在處理自家與葉家的矛盾時，稍稍打個招呼，露點口風，肯定會發生自下而上的傾斜，葉家肯定無力抗衡；再進一步，要是透過地方政府，不顧法律，搞行政干涉，葉家更會吃不了兜著走。這樣，有形的尺寸方圓的土地是到手了，產業是又龐大了，要是遇上今天經營房地產的主兒，保不準給他家掙回十個張家大院，但無形中準會失去許多東西。倒不只葉家這樣的朋友，餘波或許會從桐城一下子震盪到京城，京城裡的影響可大著呢！

就算是張英先生曠達忍讓，如果葉家人不予理睬，那條巷子也就只有三尺寬。三尺寬的巷子，也總是一條通道，通則通矣，事情通了，人也通了，路也通了，卻有點兒不夠完美。完美是感覺出來的，六尺不比三尺寬多少，但如果人們置身其間，會發現這是一條多麼寬的人間道路。互相忍讓，天地才會更寬廣啊！

「讓他三尺又何妨」——說得真好！試想，如果當初張英不是勸說家人退讓，而是借勢壓人，或慫恿家人與對方抗爭，那結果又會怎麼樣？由此可見，寬容豁達，不僅僅是為官之道，更應該是我們的為人之本。

現實生活中，我們親朋鄰里同事之間，有時也會因一點小摩擦便互不相讓，有時甚至橫刀相向。但試想一下，與我們的生命相比，那些小小的矛盾又算得了什麼呢？在永恆的時間面前顯得多麼脆弱和不堪一擊！

但願人與人之間多一分理解和寬容，少一份衝動和遺憾！

「讓他三尺又何妨」——當你面對矛盾與摩擦時，不妨想想這話，它會幫你做出理性的選擇！

讓人三尺並不是一種懦弱的表現，鄰里之間，要和睦相處，該讓的時候就讓一下，退一步海闊天空，如果太斤斤計較，就會造成不必要的後果。下面這個例子就是因為鄰里糾紛而引發的流血事件，本來無足輕重的小事，因為雙方的太過計較，最終導致了兩個家庭的破裂。

豁達、坦蕩的享受生活

俗語說的好：千百個生命有千百種人生，千百條路有千百個人行。只要一直用心追求那麼一份平平淡淡、真真實實的坦蕩，就會有一份生活的輕鬆與平靜，就會有一片豁達的天空和一個充實的人生。豁達、坦蕩的生活，快樂會如期而至；豁達、坦蕩的生活，便是享受人生本身。永遠樂觀，不怕失意的人，即使跌下萬丈懸崖，也會堅韌地活下去，而且高唱凱歌地回來。

《菜根譚》中有這樣一段話：「處事讓一步為高，退步即進步的根本；待人寬一分是福，利人實利己的根基。」這是一種「大度」，是心懷寬廣的君子所為。假如生活欺騙了你，你是否也會不失這種君子的風範呢？

佛教是一門崇尚寬容精神的宗教。「滅卻心頭火，剔起佛前燈」，深刻透視了佛門中人的寬厚胸懷。茲引一則禪話為證：

白隱禪師附近住著一對夫婦，家有一女，未曾出嫁卻懷了孩子，父母逼問女兒要她說出孩子的父親，女孩竟指為白隱。這對夫婦怒不可遏，找到白隱，對他狠狠侮辱了一番。白隱聽完後，只說了一句話：「就這樣嗎？」孩子出世後，這家人將他送給白隱撫養。白隱走家串戶去給孩子討奶水，不知被多少人譏笑，但他卻不介意，依然仔細地照顧孩子。幾年後，這件事情真相大白，原來孩子的真正父親是一個市井無賴，這家人耐不過面子，上門向白隱賠禮道歉，要求索回孩子。白隱交回孩子時，同樣只是輕輕地又說了一句話：「就這樣嗎？」

我們在現實生活中確實不免會遭遇到這樣或那樣的屈辱與誹謗，當這樣的時刻來臨的時候，我們能否像白隱禪師一樣泰然處之呢？「就這樣嗎」簡單的幾個字卻蘊涵了多少深意。

孔子說：「君子坦蕩蕩，小人常戚戚。」心胸坦蕩，才能寢食無憂，與人交而無怒，是做人處世的藝術。難怪諺語亦云：「月過十五光明少，人到中年萬事和。」人生本不必過於苛責別人，得饒人處且饒人，何苦雙眉擰成繩，這不僅是人與人之間交往的藝術，也是立身處世的一種態度，更是做人的涵養。

在大丈夫的心中，天地永遠是寬闊的，生活是快樂的，精神是自由的。所以，襟懷坦蕩的人常以退一步海闊天空作為立世不倒的生活鑒言。抱著無可無不可，可為可不為的豁達態度，享受自己的一份清靜與快樂。

豁達、坦蕩的生活，便是享受人生本身。永遠樂觀，不怕失意的人，即使跌下萬丈懸崖，也會堅韌地活下去，而且高唱凱歌地回來。

嚴以律己，寬以待人

孟子說：「君子之所以異於常人，便是在於能時時自我反省。即使受到他人不合理的對待，也必定先反省自己本身，自問，我是否做到了仁的境地？是後欠缺禮？否則別人為何如此對待我呢？尊到自我反省的結果合於仁也合手禮了。而對方強橫的態度卻仍然不改。那麼君子又必須反問自己：我一定還有不夠真誠的地方。再反省的結果是自己沒有不夠真誠的地方，而對方強橫的態度依然如故，君子這時才感慨地說：他不過是妄誕的小人罷了。這種人和禽獸又有何差別呢？對於禽獸是根本不需要斤斤計較的」。孟子的話啟示我們，一個真正有大胸襟、大氣度的人，在與別人發生矛盾、衝突後，不僅不會同非原則性的問題喋喋不體、抓住不放，不僅只是不計小人之過，而且關鍵是要能嚴於責己的精神，只有具備嚴於責己的態度，才能真正不計小人之過，真正地謙任。

大至國家的君臣，小至個人私交，發生矛盾之後，如果雙方都有責己的雅量，則任何矛盾都不難解決。如果只把眼睛盯著對方，只知道備對方，不檢討自己，隔閡、怨恨就會越積越深，以至矛盾激化。

寬容不會失去什麼，相反會真正得到；得到的不只是一個人，更會是得到人的心。要做到寬容，領導者首先要有寬廣的心胸，善於求同存異，虛心聽取各種不同的意見和建議，不要總是對一些細枝末節斤斤計較，更不要對一些陳年舊帳念念不忘，因為領導人的一言一行都可以成為屬下在意的對象。

日本松下公司的創始人松下幸之助以其管理方法先進，被商界奉為神明。他就極善於運用糊塗哲學。

後騰清一原是三洋公司的副董事長，慕名松下，投奔到松下的公司，擔任廠長。他本想大有作為，不料，由於他的失誤，一場大火將工廠燒成一片廢墟。後騰清一十分惶恐，因為不僅廠長的職務保不住，還很可能被迫追究刑事責任。他知道平時松下是不會姑息部下的過錯的，有時為了不大點事也會發火。但這一次讓後騰清一感到欣慰的是松下連問也不問，只在他的報告後批示了四個字：「好好幹吧。」

松下幸之助的做法看似不可理解，這樣大的事故竟然不聞不問。其實這正是松下的精明之舉。

後騰清一的錯誤已經鑄下，再深究也不能挽回公司的經濟損失。另外，在犯小錯誤時，大多數人並不介意，所以需要嚴加管教，而犯了大錯誤，任何人都知道自省，還用你上司去批評嗎？松下的做法深深地打動了下屬的心，由於這次火災發生後，沒有受到懲罰，後騰自然會心懷愧疚，對松下更加忠心效命，並以加倍的工作來回報松下的寬容。

松下用自己的寬容，換得了後騰清一的擁戴。

糊塗上司懂得寬容之心在企業管理中的重要性。寬容猶如春天，可使萬物生長，成就一片陽春景象。宰相肚裡能撐船，不計過失是寬容，不計前嫌是寬容，得失不久據於心，亦是寬容。寬容之所以必要，一則因為寬容可以贏得下屬的忠誠，保持其積極進取的心；二則因為寬容可以使自己不受一時得失的影響保持對事情正確地判斷；三則因為寬容可以建立企業內部融洽的關係。

寬以待人的上司看似糊塗、軟弱，實則為自身進千步發展創造了良好條件，糊塗上司的精明之處，便在於此。以寬容對待狹隘，以禮貌謙恭對待冷嘲熱諷。不將心思牽於一事一物，不將一絲哀怨氣惱掛在心頭．這是作為一位領導者理應具備的容人雅量。

禮讓一步又何妨

《菜根潭》中說：「經路窄處，留一步與人行；滋味濃的，減三分讓人嘗。此是涉世一極安樂法」。這話中的意思是說謙讓的美德。它房子人們在道路狹窄之處，應該停下來讓別人先行一步，有好吃的東西不要獨食，要拿一部分與人分享。如果你經常這樣想，經常這麼做，那你的人就會快樂安祥。所謂謙讓的美德也絕非一味地讓步，要知道，世間的事物總是相對的，有時候你是讓了一步，退了一步，但這可能就是你的進步。即使終身的讓步，也不過百步而已。也就是說，凡事表面上看起來是吃虧了，但事實上由此獲得的必然比失去的多。

為什麼必須謙讓呢？因為人人都有自尊心，人人都有好勝心，你要聯絡感情，就必須處處重視對方的自尊心，而要尊重對方的自尊心，那就必須抑制你自己的好勝心，成全對方的好勝心。比方對方與你有同性質的某種特長或愛好，對方與你比貴，你必須善於先讓一步，即使對方的技藝敵不過你，你也得先讓對方占點上風。當然一味的退讓，也許會使對方誤認為你的技術不太高明，不是對手。反面引起對方無足輕重的心理。所以，你與他比賽的時候，儘管有要謙讓，但必須先施展你的相當本質領，先造成一個均勢之局，使對方知道你不是一個弱者，進一步再施小技。把他逼得很緊，使他神情緊張，才知道你是個能手，再進一步，故意留個破綻，讓他突圍而出，從劣勢轉為均勢，繼而從均勢轉為優勢，結果把最後的勝利讓於對方，對方得到這個勝利，不但費過許多心力，而且危而復安，精神一定十分愉快，對你也敬佩之心。如果互不相讓，最後的結局可能是兩敗俱傷。

在一個原始森林裡，一隻巨蟒和一頭豹子同時盯上了一隻羚羊。豹子看著巨蟒，巨蟒看著豹子，各自打著自己的「算盤」。

豹子想：如果我要吃到羚羊，必須首先消滅巨蟒。巨蟒想：如果我要吃到羚羊，必須首先消滅豹子。於是，幾乎在同一時刻，豹子撲向了巨蟒，巨蟒撲向了豹子。

它們撕咬在一起。豹子咬著巨蟒的脖頸想：如果我不下力氣咬，我就會被巨蟒纏死。巨蟒纏著豹子的身子想：如果我不下力氣死纏，我就會被豹子咬死。於是，雙方都死命地用著力氣。羚羊看到了這一切，竟然安詳地踱著步子走了，而豹子和巨蟒則雙雙倒地，不分勝負，它們全然沒有察覺到羚羊的離開。

獵人看到這一場爭鬥，無限感慨地說：「如果兩者同時撲向獵物，而不是撲向對方，然後平分食物，兩者都不會死；如果兩者同時走開，一起放棄獵物，兩者都不會死；如果兩者中一方走開，另一方撲向獵物，兩者都不會死；如果兩者在意識到問題的嚴重性時互相鬆開，兩者也都不會死。它們的悲哀就在於把本該具備的謙讓轉化成了你死我活的爭鬥。」

謙讓可以化解仇恨，謙讓可以消除誤會，人與人之間應該多些謙讓和寬容，而不是爭得你死我活。所以，用一顆豁達之心讓生命在謙讓中延續，讓人生在寬容中閃光。

忍一時風平浪靜，讓三分心平氣和。在平時生活中，人與人之間的矛盾往往是因衝動而起，你也忍不下那口氣，我也忍不下那口氣，由開始的爭吵發展到後來的拳打腳踢、兩敗俱傷，既傷了和氣又傷了身體，這樣值得嗎？為什麼就不能讓一步呢？你讓一步，我讓一步，加起來一共兩步，怒火不就自然而然平息了嗎？高明的人，懂得謙讓的道理，知道生命的可貴，所以他們心胸寬廣，生活幸福。恰恰是那些愚蠢的人，為了出一口氣而置自家的性命於不顧，結果害了別人又害了自己，值得嗎？在一提款機旁，大家都想第一個取到錢，誰也不謙讓，擠成一堆，結果誰也取不到。一對朋友因為不懂得謙讓而形同陌路；一對戀人因為不懂得寬容而分道揚鑣；一對父子爭得面紅耳赤，直到最後發誓脫離了父子關係，及至老死不相往來。諸如此類不懂得寬容的人，活在世上還有意義嗎？他們的人生之路能寬廣嗎？

古時候有個叫陳囂的人，與一個叫紀伯的人做鄰居，有一天夜裡，紀伯偷偷地把陳囂家的籬笆拔起來，往後挪了一挪。這事被陳囂發現後，心想，你就是想擴大點地盤唄，我尊重你的願望，滿足你的需要，於是等紀伯回家後，陳自己又把籬笆往後挪了一丈，給紀伯讓出了更大一塊地盤。天亮後，紀伯發現自家的地寬出許多，覺察到陳囂在讓他，很慚愧，不僅把侵占的地還給陳家，還主動向後退讓一丈。這事情讓當地的周太守知道了，非常讚賞陳囂的行為和這行為帶來的互讓效果，抓住這個典型大力宣傳，還命人立碑表彰，並將這個村子改名「義里」。

由此可見，忍讓常常能帶來互讓；互讓，就是一種互尊。互尊就是保持鄰里、社會生存環境安寧、和諧的心理條件，是一種精神文明。假如陳發現紀夜拔籬笆占地的占小便宜行為不忍、不讓，其後果會怎樣？

我們生活的現實社會日新月異、變化無窮，我們面臨的競爭也越來越激烈，但我們切不可忘記也不要忽視「禮讓」。人生之所以多煩惱，皆因遇事不肯讓他人一步，其實，這是很愚蠢的做法。

讓寬容成為一種習慣

世界上很少有人天生就有好脾氣，但也沒有哪個人天生脾氣就十分糟糕，即使經過一定的教養也不能加以改善，使之變得令人愉悅的好脾氣。

馬修．亨利說：「我曾經聽說，有一對大蝦的脾氣都很急躁，但他們在一起共同生活卻相安無事，過得舒適而安逸，因為他們制定了一條共同遵守的原則——一個人發怒時另一個就保持冷靜和寬容。」

蘇格拉底一旦發現自己將要發火時，他就會降低聲音來控制怒氣。如果你意識到自己處於情緒激動的情況下，那麼一定要緊閉嘴巴，以免變得更加憤怒。許多人甚至會因為過分憤怒而亡，突然的暴怒往往會引發一些突發的疾病。

習慣性的寬容所帶來的平靜是多麼美妙呀！它能使我們免除多少激烈的自我譴責啊！一個人面對突如其來的挑釁，能夠做到一言不發，表現出一種未受干擾的平靜心態，當他這樣做時，他必定不會感到後悔，而是認為自己做得完全正確，所以他的心靈會非常安寧。

相反，如果他當時發怒了，或者僅僅因為當時的憤怒，或者因為自己不小心說錯了話，或者表現了內心深處的真實想法，從而使他顯得有失風度，隨後他必定會感到一種深深的不安。緊張和易怒是一個人個性中的最重大的缺陷之一，它往往是激化矛盾的催化劑，它往往會破壞一個人行為處世的原則，使他的個人生活變得一團糟。

林肯剛成年的時候，是一個性急易怒、一觸即發的人。但後來，他學會了寬容，成為了一個富有同情心、具有說服力又有耐心的人。他曾經對陸軍上校福尼說：「我從黑鷹戰役開始養成了控制脾氣的好習慣，並且一直保持下來，這給了我很大的益處。」

出口不遜的言辭從未給任何一個人帶來過一丁點兒好處，那只是虛弱的標誌。沒有人會因為它而變得更富有、更愉悅或更聰明。它從不會使人受到他人的歡迎；它令教養良好的人反感，使善良的人感到厭惡。

著名作家莎士比亞曾經描寫了無數失控的情緒造成的精神毀滅的例子。他筆下的約翰王，因其對權力的欲望逐漸泯滅了高尚的品格，結果沉淪到幾近失控的地步，像一頭野獸。李爾王則是失控的情緒的犧牲品。在麥克白先生那裡，野心超越了榮譽，甚至促使他走上謀殺犯罪的道路，而謀殺後的恐懼、懊悔與自責又立即帶來了可怕的報應。而奧賽羅是被自己嫉妒的怒火慢慢毀滅的，許多其他人物的遭遇更說明了這樣的教訓：那些不能寬容的人一定會遭到他們朋友的冷落。

許多名人寫下了無數文字來勸戒人們要學會寬容。詹姆士．博爾頓說：「少許草率的詞語就會點燃一個人、一家鄰居或一個民族的怒火，而且這樣的事情在歷史上常常發生。許多的訴訟和戰爭都是因為言語不和而引起的。」喬治．艾略特則說：「如果人們能忍著那些他們認為無用的話不說，那麼他們無數的麻煩都可以避免。」

赫胥黎曾經說過這樣的話：「我希望看到這樣的人，他年輕的時候接受過很好的訓練，有著非凡的意志力，應意志力的要求，他的身體樂意盡其所能去做任何事情。他應頭腦冷靜，邏輯清晰，他身體所有的力量就如同機車一樣，根據其精神的命令準備隨時接受任何工作。」

世界上沒有人天生有那種不需要任何注意和控制的好脾氣，但也沒有哪個人天生脾氣就十分糟糕；如果你意識到自己處於情緒激動的情況下，那麼一定要注意控制自己，以免變得更加憤怒。

對生活要學會感恩和寬容

感恩者遇上禍，禍也能變成福，而那些常常抱怨生活的人，即使遇上了福，福也會變成禍。

有兩個行走在沙漠的商人，已行走多日，在他們口渴難忍的時候，碰見一個趕駱駝的老人，老人給了他們每人半瓷碗水。兩個人面對同樣的半碗水，一個抱怨水太少，不足以消解他身體的饑渴，怨恨之下竟將半碗水潑掉了；另一個也知道這半碗水不能完全解除身體的饑渴，但他卻擁有一種發自心底的感恩，並且懷著這份感恩的心情，喝下了這半碗水。結果，前者因為拒絕這半碗水而死在沙漠，後者因為喝了半碗水，終於走出了沙漠。

只要我們對生活懷有一顆感恩的心，你就會有一種平靜的心態，遇到災難也不會亂了手腳，會熬過去，而那些常抱怨生活的人，成功就會與他失之交臂。

南非的曼德拉，因為領導反對白人種族隔離政策而入獄，白人統治者把他關在荒涼的大西洋小島羅本島上二十七年。當時儘管曼德拉已經高齡，但是白人統治者依然像對待一般的年輕犯人一樣虐待他。

但是，當一九九一年曼德拉出獄當選總統以後，他在總統就職典禮上的一個舉動震驚了整個世界。

總統就職儀式開始了，曼德拉起身致辭歡迎他的來賓。他先介紹了來自世界各國的政要，然後他說，雖然他深感榮幸能接待這麼多尊貴的客人，但他最高興的是當初他被關在羅本島監獄時，看守他的三名前獄方人員也能到場。他邀請他們站起身，以便他能介紹給大家。

曼德拉博大的胸襟和寬宏的精神，讓南非那些殘酷虐待了他二十七年的白人汗顏得無地自容，也讓所有到場的人肅然起敬。看著年邁的曼德拉緩緩站起身來，恭敬地向三個曾關押他的看守致敬，在場的所有來賓都靜下來了。

後來，曼德拉向朋友們解釋說，自己年輕時性子很急，脾氣暴躁，正是在獄中學會了控制情緒才活了下來。他的牢獄歲月給了他時間與激勵，使他學會了如何處理自己遭遇苦難的痛苦。他說，感恩與寬容經常是源自痛苦與磨難的，必須以極大的毅力來訓練。

他說起獲釋出獄當天的心情：「當我走出囚室、邁過通往自由的監獄大門時，我已經清楚，自己若不能把悲痛與怨恨留在身後，那麼我其實仍在獄中。」

我們之所以總是煩惱纏身，總是充滿痛苦，總是怨天尤人，總是有那麼多的不滿和不如意，是不是因為我們缺少曼德拉的寬容和感恩呢？

記住曼德拉二十七年牢獄生活的總結：感恩與寬容經常是源自痛苦與磨難的，必須以極大的毅力來訓練。

感恩與寬容是一種非凡的氣度、寬廣的胸懷，是對人對事的包容和接納。感恩與寬容是一種高貴的特質、崇高的境界，是精神的成熟、心靈的豐盈。

只要我們對生活懷有一顆感恩的心，你就會有一種平靜的心態，遇到災難也不會亂了手腳，會熬過去，而那些常抱怨生活的人，成功就會與他失之交臂。

第六章 沒有做不到的事情，只有想不到的事情

在這個世界上，沒有做不到的事情，只有想不到的事情，只要你能想得到，下定決心去做，就一定能做到。一個被恐懼控制的人是無法成功的，因為他不敢嘗試新事物，不敢爭取自己渴望的東西，自然也就與成功無緣。

勇氣＋行動＝成功

精神力量在物質世界裡，也常有其對應的位置。人在陷入困境時總會尋求擺脫，從而全力以赴扭轉了局面。一位登山運動員有感而發說：「在攀登的過程中，有時登山者會陷入欲下不能的境地，這樣一來他就只能向上攀登了。有的登山者會故意創造這種局面，因為身後沒有退路了，他會向上爬得更起勁。」

一個人要幹一番事業，總會伴隨著困難和障礙，甚至還存在著一定的風險。許多人一事無成，不是缺乏成事的能力，而是沒有勇氣去行動，與其說是由於盡力而失敗，不如說是因為害怕失敗而放棄努力。雖然單憑勇氣並不能確保成功，但盡力而後失敗總比坐失良機要好得多。

戈登想要有所作為，又怕有所閃失，真有點不知如何是好。這時他去拜訪一位老練的朋友，傾吐心中的苦悶說：「假如這事肯定能幹好的話，我十分願意去做，但是……」，朋友默默地審視他一會，然後在一張紙上寫下了：「大膽些，強勁的力量會幫助你。」朋友的這段忠告，如同一縷清風吹散迷霧，讓他想起小時候一位先生到校視察時說的一段話：「別用躲避挑戰的怯懦顯示你對生活的感激，要有勇氣做看似做不成的事情。這樣你就會發現，自己的能力遠比想像的要強得多。」

大膽些，就是要敢做自己想做的事情，也可以將能完成的目標定得高一些。只要盡力而為，個人身上的潛能都會調動起來，勢必產生一種驚人的精神力量。

大膽決斷和果敢行動，往往是成功者必備的特質。貝格剛進入人身保險，對所從事的業務不甚了解，經受一次又一次的挫折，感到前途一片茫然。在他極度沮喪的時候，一位朋友把他帶到課堂，去接受一種醍醐灌頂的指導。兩個人坐在教室後面，朋友低聲告訴他：「現在上的是大眾演說課。」

說話間一個學員走上講臺發言，緊張得渾身發抖，連說話的聲音都走了調。他的這種失常狀態，讓貝格聯想到自己：「我要是上去的話，也會像他一樣緊張害怕，甚至可能比他還差勁。」就在這時，卡內基站起身來。對那位學員的表現進行點評，給予了必要的肯定和鼓勵，然後他走到兩個人的跟前。經過朋友引薦貝格認識了卡內基，當即向他表達心中的渴望：「我也想參與。」

卡內基另有考慮說：「這一期的課程已經過半，下期將在一個月內開課，你最好等那時再來。」貝格迫不及待說：「我已經等不及了，能不能讓我現在就參與？」卡內基和貝格握了握手，隨即微笑著說：「那好，下一個就該你講了！」

事情來得太突然，貝格還沒有心理準備，就那麼戰戰兢兢地登上講臺。在眾目睽睽之下，儘管雙腿抖得快要支撐不住自己，可他還是把所思所想表達出來。對於他來說，這真是一個了不起的成就。因為面對這麼多的人，從前他連問候一聲的勇氣都沒有。

這次演說的經歷令貝格終身難忘，更成為他命運的轉折點。下一個就該你講了，卡內基的這句話不時地在腦海中縈繞，總能讓他感到振奮，給他帶來極大的激勵。大眾演說課幫助貝格重拾了自信和銳氣，磨礪了說服別人的技巧。難怪成為美國人身保險的推銷大王後，貝格把自己的成就歸功於——卡內基。

膽識是一種能力，它能幫助我們去做某種說不清什麼原因使我們在本能上感到害怕的事情，它可能是我們每天都會經歷到的東西，比如，害怕被人嘲笑、害怕失敗，或是其他什麼使我們內心裡想要退縮的事情。

我們之所以退縮，是因為只有在退縮之後，我們才感到安全。如此一來，儘管我們得到的不是我們內心裡期待的東西，但至少我們會感到舒適。

我們常常將「膽識」與「勇敢」聯繫在一起，但勇敢可能更多地表現為生活處於危險境地時自然產生的非同尋常的個人反應。這種勇敢在我們的生活中可能是永遠無法加以驗明的東西；相反，「膽識」則是我們人人具有、每天都要用到的一種特質，認識到這一點並付諸行動，我們就能有很大的進步、當我們對周圍的一切熟視無睹時，周圍的一切卻在發生著飛速的變化。我們越來越感到自己不合時宜，這進一步強化了生活中的障礙，使我們心甘情願地任憑事情發展。這樣我們也許很平安、很舒適。然而只有當我們的行動中充滿自信和激情，並在總結經驗、戰勝恐懼時，成功才會出現。

為了達到目的地，我們常常要運用自己的膽識去發現我們目前的處境，無所畏懼，並從失敗中汲取教訓。開展業務、開拓處女地或是單純地學習一項新的技術，都需要我們的膽識，膽識來源於堅定的信念，只有堅定信念，才能取得成功。

世界上有許許多多的人不敢冒險，只求穩妥。所以許許多多的人都在過著平庸的生活。

偉大的成功者在機遇降臨時總願一試身手。我們要克服「只求穩妥」的弱點，就是要敢作敢為、敢冒風險，相信自己能衝破人生難關。「有膽有識」不是說粗枝大葉，也不是說只求前進而不管實際，更不是蠻幹。

世界上有許多人沒意識到自己的潛力，「過分謹慎」就是其中最大的原因。他們知道自己能幹得更好，但他們從沒有勇氣往前衝。同那些成功的人相比，他們有同樣的能力，但他們卻甘願屈居下風。他們看見機遇卻不去抓住它們。他們看到老朋友成功了就納悶為什麼自己不行。他們有時也有一些「賺百萬元的念頭」，但就是不採取行動。在面對「是否採取行動」的問題上，特別是這種行動涉及冒險時，他們常常猶豫不決、坐失良機。

與其坐等「伯樂」，不如行動起來。邱吉爾曾經說過：「勇氣很有理由被當做人類德行之首，因為這種德行保證了所有其餘的德行。」這裡所說的「勇氣」，就是一個人的膽量、膽識、膽略、臨危不亂、處變不驚、力排眾議、破釜沉舟的決斷力。

科學表明，「膽商」對於成功的重要性，已經遠遠超出了「智商」。一項對一千零四十八名經理人進行的能力測試發現，「膽商指數」的高低是一個人事業成功與否的重要參數，其次是情商，再次才是智商。

如果說人生、事業、財富，像一座座大山，那麼「高膽商人士」就會不畏艱險，不斷攀登，把每一次困難都當成一次挑戰，把每一次挑戰都當成一次機遇，並最後傲立巔峰！而缺乏行動力的高智商者，只能望洋興嘆。

培養自己堅強的意志

意志應該是我們對待苦難的有力武器，我們每個人在生活中不可能都一帆風順，誰都會遇到挫折、困難，甚至是難以承受的磨難，我們會想到放棄，這個時候我們就需要有頑強的意志，這種意志頑強的背後其實就是很簡單的想法——活下去，不管情況怎樣，活著就有希望，就有明天。

富蘭克林．羅斯福於哈佛大學畢業後不久，便正式開始了政治生涯。先是於一九〇九年參加紐約州參議員競選獲勝；繼而於一九一二年積極為威爾遜獲得民主黨總統候選人的提名和為威爾遜競選總統出力奔走。威爾遜當選為總統後，羅斯福被任命為海軍助理部長。一九一四年七月，第一次世界大戰爆發，羅斯福請假三週與民主黨黨閥支持的詹姆斯．杰拉爾德競爭聯邦參議員職位，結果黨內提名遭到失敗。一九一七年，美國對德宣戰，宣布站在協約國一方參加第一次世界大戰。為了增加實戰經驗，作為海軍助理部長的羅斯福於一九一八年赴歐洲戰場考察，目睹戰爭給人民造成的生命和財產的損失，留下了終生難忘的印象。一九二〇年，在總統選舉中，他被任命為民主黨副總統候選人，結果被共和黨候選人柯立芝擊敗；同年，羅斯福回到紐約重操律師舊業，暫時退出政壇，積蓄力量，準備東山再起。

正在這時，一場意外的大災難降臨到了羅斯福的頭上。一九二一年八月十日，他在他的海濱別墅撲滅了一場林火後，汗流浹背地跳人芬地灣游泳，不幸患上了小兒麻痺症。一場嚴峻的考驗擺在了三十九歲的羅斯福面前，它比生死的考驗更為殘酷，也更叫人難以忍受。

開始，羅斯福還竭力讓自己相信病能夠好轉，但實際情況卻在不斷惡化。他的兩條腿完全不管用了，癱瘓的症狀在向上身蔓延。他的脖子僵直，雙臂也失去了知覺，最後膀胱也暫時失去了控制。每天導尿數次，每次都痛苦異常。他的背和腿疼痛難忍，好像牙痛放射到全身，肌肉像剝去皮膚暴露在外的神經，稍一觸動，就忍受不了。

但最讓人受不了的還是精神上的折磨。羅斯福從一個有著「光輝前程」的硬漢子，一下子成了一個臥床不起、事事都需別人照料的殘廢人，真是痛苦極了。在他剛得病的最初幾天裡，他幾乎絕望了，以為「上帝把他拋棄了」。但羅斯福畢竟是羅斯福，他雖然受著痛苦的煎熬，卻又以平時那種輕鬆活潑的態度和妻子埃莉諾開玩笑。他理智地控制住自己，絕不把自己的痛苦、憂愁傳染給妻子和孩子們。他不允許把自己得病的消息告訴正在歐洲的媽媽，以免母親牽腸掛肚。當醫生正式宣布他患的是小兒麻痺症時，妻子埃莉諾幾乎昏過去，而羅斯福卻只是苦笑了一下。

「我就不相信這種娃娃病能夠整倒一個堂堂男子漢，我一定要戰勝它！」羅斯福對自己說。

但羅斯福也知道這只是在說大話，不過大話使他比較容易保持勇氣。為了不想自己的病情，他拚命地思考問題，回想自己走過的路，哪些是對的，哪些是錯的；回想自己接觸過的各種各樣的政治家，誰是可以學習的導師，誰是卑鄙的政治騙子；他也想到人民，想到飽受戰爭創傷的歐洲人民，想到那些饑寒交迫、朝不保夕的社會下層的人們。到底今後應當怎樣生活，怎樣做人，他不斷地思索、探求。為了總結經驗，他不停地看書。他比較系統地閱讀了大量有關美國歷史、政治的書籍；還閱讀了許多世界名人傳記；還有大量的醫學書籍，幾乎每一本有關小兒麻痺症的書他都看了，並和大夫們進行了詳細的討論。他幾乎成了這方面的一個權威。

苦難可以造就一個人，當然也可以壓垮一個人。關鍵在於處於苦難中的人如何面對他所面臨和忍受著的苦難。羅斯福面對病痛是樂觀而鎮靜的，雖然這並不能使他所遭受的苦痛減輕，但是樂觀的態度使他又像從前那樣生氣勃勃了。他雖然仍臥床不起，但他相信這場病過去之後，他定能更加勝任他所要擔當的角色，重新返回政治舞台。

當母親急匆匆來到羅斯福的床前，他以微笑迎接母親，寬慰母親說：「媽媽，不用擔心，一切都會好的。說真的，我實在想親自到船上去接你呢。」醫生囑咐他要進行艱苦的鍛鍊，為了使兩腿伸直，不得不打上石膏。每天他都好像在中世紀的酷刑架上一樣，要把兩腿關節處的楔子打進去一點，以使肌健放鬆些。羅斯福身上蘊藏著極大的勇氣，不久後他就出現了病情好轉的跡象——他的手臂和背部的肌肉逐漸強壯起來，最後終於能坐起來了。

為了重新走路，羅斯福叫人在草坪上架起了兩根橫槓，一條高些．一條低些。每天，他接連幾個小時不停地在這兩條槓子中間挪動身體。他給自己定的第一個目標就是能走到離斯普林伍德四分之一里遠的郵政街。每天，他都要拄著拐杖在公路上蹣跚著朝前走，爭取比前一天多走幾步。他還讓人在床的正上方的天花板上安裝了兩個吊環，靠這兩個吊環堅持鍛鍊。到第二年開春，他已經日見好轉，甚至能夠到樓下在地板上逗孩子們玩，或者在書房的沙發上接見客人了。

一九二二年二月，醫生第一次給羅斯福安上了用皮革和鋼製成的架子，這副架子他後來一直戴著。架子每個重7磅，從臀部一直到腳腕，架子在膝部固定住。這樣，他的兩腿就像兩根木棍一樣。借助於這架子和拐棍，羅斯福不僅可以憑身體和手臂的運動來「走路」，而且還能站立起來講話了。但做到這一步也不容易，開始時他經常摔倒，夾著拐棍的兩臂也經常累得發疼，儘管如此，他仍然以頑強的毅力和樂觀的態度堅持鍛鍊。

經過艱苦的鍛鍊，羅斯福的體力增強了。一九二二年秋天，他重新回到病前任職的信託儲蓄公司工作。開始，他每週工作兩天．又慢慢增加到三天，最後每週四天。他的日程排得很滿，每天早晨八點半在床上會見他的顧問路易斯．豪和其他來訪者，這樣他就開始了一天的工作。兩個小時後，他來到辦公室，一直工作到下午五點。午飯就在辦公室裡吃。上午他處理公司的事務，下午辦些私事。回家後，喝點茶，活動一下身體，就又會見來訪者，事情往往要到吃晚飯時才完。

病痛並沒能嚇倒羅斯福，甚至沒有成為羅斯福的負擔，他給人的印象是，是一個完完全全的健康人。他面對病痛所表現出來的超人的勇氣和樂觀向上的態度，贏得了別人的尊敬和信任。

一九二四年又是總統選舉年。民主黨由於上屆總統選舉失敗，所以迫切需要羅斯福出來競選，重振士氣。羅斯福表示：「在摔掉丁字形拐杖走路以前我不想競選。」但他決定出席民主黨全國代表大會，以發出他本人重新返回政界的訊息。在兒子的協助下，他撐著拐杖走上講臺，這時全場響起雷鳴般的掌聲。羅斯福巧妙地控制著講演的節奏，完全把聽眾吸引住了。他呼籲大家團結起來，這時聽眾全都起立，他充滿激情地號召大家：「要牢記亞伯拉罕・林肯的話：『對任何人都不懷惡意，對所有的人都充滿友善。』」他的講話受到了與會代表的熱烈歡迎。

羅斯福最終贏得了這次選舉，他的勝利在於非凡有毅力和超人的意志。苦難並沒有使他絕望，相反，他堅強地「站」了起來，「走」了出來，並最終得到了民眾的一致認可。

苦難本身是一次洗禮，是一種考驗。苦難使羅斯福變得更加堅強，無論是精神上，還是肉體上都顯示了傑出人物那種固有的特質。

恆心讓你笑到最後

巨大的成功靠的不是力量而是韌性。商業競爭常常是持久的競爭，有恆心和毅力的經營者往往成了笑到最後、笑得最好的勝利者。

人在奮鬥的過程中吃盡了苦頭，而最後的笑聲才是最甜的，最後的成功才是決定意義的成功，起初的成就和痛苦只不過都是為後來而設的奠石。

一八六四年九月三日這天，寂靜的斯德哥爾摩市郊，突然爆發出一陣震耳欲聾的巨響，滾滾的濃煙霎時間沖上天空，一股股火花直往上竄。僅僅幾分鐘時間，一場慘禍發生了。當驚恐的人們趕到出事現場時，只見原來屹立在這裡的一座工廠已蕩然無存，無情的大火吞沒了一切。火場旁邊，站著一位三十多歲的年輕人，突如其來的慘禍和過分的刺激，已使他面無人色，渾身不住地顫抖著……這個大難不死的青年，就是後來聞名於世的弗萊德．諾貝爾。

諾貝爾眼睜睜地看著自己所創建的硝化甘油炸藥的實驗工廠化為灰燼。人們從瓦礫中找出了五具屍體，其中一個是他正在大學讀書的活潑可愛的小弟弟，另外四人也是和他朝夕相處的親密助手。五具燒得焦爛的屍體，令人慘不忍睹。諾貝爾的母親得知小兒子慘死的噩耗，悲痛欲絕。年老的父親因太受刺激引起腦溢血，從此半身癱瘓。然而，諾貝爾在失敗和巨大的痛苦面前卻沒有動搖。

慘案發生後，警察當局立即封鎖了出事現場，並嚴禁諾貝爾恢復自己的工廠。人們像躲避瘟神一樣避開他，再也沒有人願意出租土地讓他進行如此危險的實驗。困境並沒有使諾貝爾退縮，幾天以後，人們發現，在遠離市區的馬拉侖湖。出現了一隻巨大的平底駁船，駁船上並沒有裝什麼貨物，而是擺滿了各種設備，一個青年人正全神貫注地進行一項神祕的實驗。他就是在大爆炸中死裡逃生、被當地居民趕走了的諾貝爾。大無畏的勇氣往往令死神也望而卻步。在令人心驚膽顫的實驗中，諾貝爾沒有連同他的駁船一起葬身魚腹，而是碰上了意外的機遇——他發明了雷管。雷管的發明是爆炸學上的一項重大突破，隨著當時許多歐洲國家工業化進程的加快，開礦山、修鐵路、鑿隧道、挖運河都需要炸藥。於是，人們又開始親近諾貝爾了。他把實驗室從船上搬遷到斯德哥爾摩附近的溫爾維特，正式建立了第一座硝化甘油工廠。接著，他又在德國的漢堡等地建立了炸藥公司。一時間，諾貝爾生產的炸藥成了搶手貨，源源不斷的訂單從世界各地紛至沓來，諾貝爾的財富與日俱增。

然而，獲得成功的諾貝爾並沒有擺脫災難。

不幸的消息接連不斷地傳來：在舊金山，運載炸藥的火車因震盪發生爆炸，火車被炸得七零八落；德國一家著名工廠因搬運硝化甘油時發生碰撞而爆炸，整個工廠和附近的民房變成了一片廢墟；在巴拿馬，一艘滿載著硝化甘油的輪船，在大西洋的航行途中，因顛簸引起爆炸，整個輪船全部葬身大海……一連串駭人聽聞的消息，再次使人們對諾貝爾望而生畏，甚至把他當成瘟神和災星，如果說前次災難還是小範圍內的話，那麼，這一次他所遭受的已經是世界性的詛咒和驅逐了。諾貝爾又一次被人們拋棄了，不，應該說是全世界的人都把自己應該承擔的那份災難給了他一個人。面對接踵而至的災難和困境，諾貝爾沒有一蹶不振，他身上所具有的毅力和恆心，使他對已選定的目標義無反顧，永不退縮。在奮鬥的路上，他已習慣了與死神朝夕相伴。

炸藥的威力曾是那樣不可一世，然而，大無畏的勇氣和矢志不渝的恆心最終激發了他心中的潛能，最終征服了炸藥，嚇退了死神。諾貝爾贏得了巨大的成功，他一生共獲專利發明權三百五十五項。他用自己的巨額財富創立的諾貝爾科學獎，被國際科學界視為一種崇高的榮譽。

諾貝爾成功的經歷告訴我們，恆心是實現目標過程中不可缺少的條件，恆心是發揮潛能的必要條件。恆心與追求結合之後，就形成了百折不撓的巨大力量。

恆心是每個成功人士都必須具備的一種特質。在人的一生中，不免會遇到各種各樣的困難，但我們要像林肯一樣，樹起恆心，拿起希望，放下悲傷，走向自己的人生目標。

改掉退縮的壞習慣

有人曾經做過這樣的比喻，人就是一根彈簧，越是有壓力的時候就越能顯示出自己的能力。這個比喻很貼切，人必須像彈簧一樣，在壓力面前有一股的反彈力，遇挫而更強。

當我們在家庭和學校的溫室中，就像雛雞一樣孵化出來，心安理得過著衣食無憂的生活。但是當我們一腳跨進社會大門，此時我們才會明白，原來庇護我們的避風港沒有了，迎接我們的將是驚濤駭浪。一時間，在困難面前，有的人迷茫了，認為希望就像肥皂泡一樣破滅了。但就是這個時候，我們更應該懂得這只是我們人生真正考驗的開始。有時候，面對嚴峻的挑戰，有的人退縮了，有的人這樣安慰自己「退一步海闊天空」，其實這樣的思想是萬萬要不得的，因為這是懈怠的跡象和苗頭。我們應該有「欲窮千里目，更上一層樓」的豪情壯志，堅決與困難不妥協，從而克服一切困難。

那麼，此時此刻我們應該怎麼辦？我覺得就必須對自己狠一點。為什麼說要對自己狠一點呢？就是我們必須時刻給自己加壓。舉個例子，一個人挑擔子的時候，如果能挑五十公斤的時候，感覺不舒服，減掉十公斤後，感覺就舒服。如果繼續這樣，我想最後恐怕連五十公斤都挑不起來。但是如果在五十公斤的基礎上，加上十公斤，雖然感覺很累，但是咬咬牙，挺一挺就會過去，慢慢地我們就能挑起一百公斤，或者比一百公斤更重的擔子。人生的價值是在不斷地挑戰中體現自己的價值，人類為什麼崇尚「更高、更快、更強」的奧林匹克精神，就是人類永遠不會滿足現狀。所以說只要我們想做一個合格的「人」，我們就必須不懈地努力，咬緊牙關對自己狠一點。

人生下來不是為了享受的，人生最大的享受是在於你創造出偉大的業績。曾國藩所奉行「打掉牙，和血吞，有苦從不說出，徐圖自強」的立世準則，就是告訴我們必須對自己狠一點。正是他自己幾十年如一日的狠勁，才創造不平凡的業績，為後世所推崇膜拜。

人要活下去本來就是很嚴峻的，退縮是要不得的，既然走上人生這條路，注定我們要銳意追求不回頭。

有人提倡向麻雀學習一味追求，他就是日本著名的經營大師松下幸之助，他在自傳中說，仔細觀察一下鳥類的生態，會收到很大的收獲。比如生活在庭院的麻雀，它們真是爭分奪秒飛飛跳跳，一味兒地尋覓食物。

它們始終處於無任何思考餘地只能拚命地無休止地為生存而努力的活動之中。如不這樣，麻雀就生存不下去，稍有偷懶就會因缺乏營養而死亡。

回過頭來看看我們人類，是否已付出了這種程度的努力呢？這種說法也許很苛刻，但只有做到了這一點，才顯示出人們為生存與發展的信心和力量。

擺在人們面前的生活本來就是很嚴峻的。如不了解到這一點，而是輕易地說：「我們沒有信心幹好啊」之類的話，這種姿態其實是不負責任的。

退縮的念頭，會在一個人表現不佳的時候探出頭來。退縮的典型精神標語除了上面那一句，還有：「不要沒事找事」、「不要惹事生非，興風作浪」、「不要不自量力」。退縮會磨蝕一個人的潛力，大大減低其能力與表現。

由於退縮而導致的不良後果實在不少。首先，它會養成一個人怯懦、消極的習慣。剛開始只怕一件事，接下來就是第二件、第三件，一直到成為不可自抑的習慣性反應。一旦演變為一種習慣定式，那麼個人發揮的空間將愈來越狹隘，而成功的機會愈來愈渺茫。於是，你會輕視自己，逐漸失去對生命的熱愛，向前看去只覺得前途無「亮」，其實是自己的退縮在作怪。

其次，退縮是一種恐懼心理，具有傳染性，當一個人因為某方面的事而退縮，同時也會影響到他全部的生活，生活好像一架機器，退縮彷彿是機器的某個零件鬆動了，在一件事上退縮，暫時影響不大，但從長遠來講，一個零件鬆垮，可能引起其他部件出問題，整個機器將會運轉不良甚至報廢。所以要小心旋緊每一顆螺絲釘！從不退縮，總是追求。

第三，退縮使自我失去平穩。不同的事情，卻無法以相同的信心和態度來面對時，非常容易導致自我的失衡，以致無法在事後重新肯定自己。一再的退縮，會使你感到一切徒勞無功，不再有愛，人生乏味，而生命力也逐漸枯竭。誰願意看到這樣的結果？恐怕沒有。唯一可行的就是絕不退縮。

怎樣堅持進取而不退縮？要有一顆自信心。許多人之所以退縮，多半是因為小看了自己。有時也因為缺乏危機感，如果像麻雀一樣，不爭食將餓死，恐怕沒有人坐以待斃。而且，說實在的，多給自己一些信心，是夢想也好，幻想也罷，又於己何損呢？給自己一分鐘，描繪理想中的自己對這個世界的貢獻，打算你憑己之力去成就的事情，建立自信心之前，要讓自己相信：世界因「我」的存在而變得更好。排除對自己的成見，從這一刻起，拋開自己的無邊感，信心十足地參與到新生活中去。

總而言之，只要改掉退縮的壞習慣，積極地去追求、去奮鬥，你出色的表現會讓自己都吃驚，「現實的我」將更趨近個人心中「理想的我」。只要能夠不畏懼、不退縮，你會對自己刮目相看。結合理想與生活為一體，就能實踐自我，充實自我，完善自我。

自己要看得起自己

別人看得起，不如自己看得起。只有充分認識自己的長處，才能保持奮發向上的勁頭。

一個紐約的商人看到一個衣衫襤褸的直尺推銷員，頓生一股憐憫之情。他把一美元丟進賣直尺人的盒子裡，準備走開，但他想了一下，又停下來，從盒子裡取了一把直尺，並對賣直尺的人說：「你跟我都是商人，只不過經營的商品不同，你賣的是直尺。」

幾個月後，在一個社交場合，一位穿著整齊的推銷商迎上來，並自我介紹：「你可能已經記不得我了，但我永遠忘不了你，是你重新給了我自尊和自信。我一直覺得自己和乞丐沒什麼兩樣，直到那天你買了我的直尺，並告訴我，我是一個商人為止。」

「推銷員」一直做乞丐，不就是因為缺乏自信心嗎？就是從紐約商人的一句話中，「推銷員」

找到了自尊和自信，並開始了全新的生活。從中我們不難看出自信心的威力。缺乏自信常常是性格軟弱和事業不能成功的主要原因。

居禮夫人曾經說過：「生活對於任何一個人都非易事，我們必須要有堅韌不拔的精神，最要緊的，還是我們自己要有信心。我們必須相信，我們對一件事情具有天賦的才能，並且無論付出任何代價，都要把這件事情完成。當事情結束的時候，你要能夠問心無愧地說：『我已經盡我所能了。』一個人只要有自信，那麼他就能成為他所希望成為的人。」

一位畫家把自己的一幅佳作送到畫廊裡展出，他別出心裁地放了一支筆，並附言：「觀賞者如果認為這畫有欠佳之處，請在畫上作上記號。」結果畫面上標滿了記號，幾乎沒有一處不被指責。過了幾日，這位畫家又畫了一張同樣的畫拿去展出，不過這次附言與上次不同，他請每位觀賞者將他們最為欣賞的妙筆都標上記號。當他再取回畫時，看到畫面又被塗滿了記號，原先被指責的地方，卻都換上了讚美的標記。

這位畫家不受他人的操縱，充滿了自信。他自信而不自滿，善聽意見卻不被其所左右，執著但不偏執。

畫展裡的這種情況，我們在現實生活裡會常常碰到。同樣的事，同樣的人，常常會出現不同的待遇，產生不同的結果。仔細想想，這也並不奇怪，因為人世間每一個人的眼光各不相同，理解事物的角度也不盡一樣。所以遇事要運用正確的思考方式，不要完全相信你聽到的看到的一切，也不要因為他人的指責，鄙視而輕視自己，產生自卑感。

愛迪生曾經嘗試用一千兩百種不同的材料作白熾燈泡的燈絲，都沒有成功。有人批評他：「你已經失敗了一千兩百次了。」可是愛迪生不這麼認為，他充滿自信地說：「我的成功就在於發現了一千兩百種材料不適合做燈絲。」

如果我們遇事都能這樣考慮問題，採用這種積極的思考方式，哪裡還會有煩惱，哪裡還會有自卑感？自卑感的存在和產生，並不是由於自己在能力或知識上不如人，而是由於自己不如人的心態和感覺。為什麼會產生不如人的心態和感覺呢？是因為有些人常常不用自己的「尺度」來判斷和評價自己，而喜歡用別人的「標準」來衡量自己。說白了，就是喜歡拿自己與他人相比較，尤其喜歡拿別人的優點長處與自己的缺點和短處相比較。原本這些不一樣的東西，是不能進行比較的，越比較，就越自卑。

這些簡單、明顯的道理，只要你相信它，接受它，你遇事就會掌握正確的思考方式，保持良好的心態，摒棄自卑，找回自信，學會讓自己支配自己，由自己去安排自己的生活，由自己去策劃自己的人生。

你自信能夠成功，成功的可能性就大為增加。你如果自己心裡認定會失敗，就永遠不會成功。沒有自信，沒有目標，你就會俯仰由人，一事無成。

每個人都會確立一些人生的目標，要實現這些目標，首先你必須相信自己能夠做到。千萬不要讓形形色色的霧迷住了你的雙眼，不要讓霧俘虜你。在實現目標的過程中受到挫折時，請記住，困難都是暫時的，只要充分相信自己，終能等到雲開霧散的那一天，而喪失自信心，不僅會帶來失敗，還常常會釀成人間悲劇。

自信就是自己信得過自己，自己看得起自己。美國作家愛默生說過：「自信是成功的第一祕訣」。人們常常把自信比作發揮主觀能動性的閘門，啟動聰明才智的馬達，這是很有道理的。確立自信心，要正確評價自己，發現自己的長處，肯定自己的能力，自信不是孤芳自賞，夜郎自大；更不是得意忘形，毫無根據的自以為是和盲目樂觀；而是激勵自己奮發進取的一種心理素質，它代表一種高昂的鬥志、充沛的幹勁、迎接生活挑戰的一種樂觀情緒，是戰勝自己、告別自卑、擺脫煩惱的一種靈丹妙藥。

不要讓挫折成為你的絆腳石

真正的人生需要挫折。遇到逆境就一味消沉的人，是膚淺的；一有不順心的事就惶惶不可終日的人，是脆弱的。一個人不懂得人生的艱辛，就容易傲慢和驕縱。未嘗過人生苦難的人，也往往難當重任。

在我們的人生道路中，個人與事業同樣都不可避免地要遇到各種各樣的挫折。面對困難和挫折，許多人常常會痛苦、自卑、怨恨，失去希望和信心。在挫折面前，有的人會出現暴怒、恐慌、悲哀、沮喪、退縮等情緒，影響了學習和工作，損害了身心健康。有的人卻笑對挫折，對環境的變化做出靈敏的反應，善於把不利條件化為有利條件，擺脫失敗，走向成功。

如果我們對於要實現的目標有堅定的信仰和不斷向前的決心，那麼，我們便能戰勝逆境。如果能夠樹立起一種「永不放棄」的個人哲學觀，那麼，我們便會把挫折僅僅看成是我們要越過的障礙，看成是對我們智慧的挑戰。相反，如果缺乏這種堅強的力量，挫折就會變成摧毀我們自我信念的工具，變成我們前進道路上不可踰越的難關。

任何挫折都只是人生中的一道小坎兒，可真正能跨過坎兒的人卻很少，大多數人只會埋怨小坎兒為什麼總是纏著他。

一談到小澤征爾先生，大家都知道，他堪稱是全日本足以向世界誇耀的國際大音樂家、著名指揮家，然而，他之所以能夠建立今天著名指揮家的地位，乃是參加貝桑松音樂節的「國際指揮比賽」帶來的。

在這之前，他不只與世界無關，即使是日本，也是名不見經傳。因為他的才華沒有表現出來，不為人所知。他決心參加貝桑松的音樂比賽，來個一鳴驚人，經過重重困難，他終於充滿信心地來到歐洲。但一到當地後，就有莫大的難關在等待他。

他到達歐洲之後，首先要辦的是參加音樂比賽的手續，但不知為什麼，證件竟然不夠齊全，不為音樂實行委員會正式受理，這麼一來，他就無法參加期待已久的音樂節了！

一般說到音樂家，多半性格是內向而不愛出風頭的，所以，絕大多數的人在遇到這種狀況時，必是就此放棄，但他卻不同，他不但不打算放棄，還盡全力積極爭取。

首先，他來到日本大使館，將整件事說明原委，然後要求幫助。可是，日本大使館無法解決這個問題，正在束手無策時，他突然想起朋友過去告訴他的事。

「對了！美國大使館有音樂部，凡是喜歡音樂的人，都可以參加。」

他立刻趕到美國大使館。

這裡的負責人是位女性，名為卡莎夫人，過去她曾在紐約的某音樂團擔任小提琴手。

他將事情的本末向她說明，拚命拜託對方，想辦法讓他參加音樂比賽，但她面有難色地表示：

「雖然我也是音樂家出身，但美國大使館不得越權干預音樂節的問題。」

她的理由很明白。

但他仍執著地懇求她。

原來表情僵硬的她，逐漸浮現笑容。

思考了一會兒，卡莎夫人間了他一個問題：

「你是個優秀的音樂家嗎？或者是個不怎麼優秀的音樂家？」

他刻不容緩地回答：「當然，我自認是個優秀的音樂家，我是說將來可能……」

他這幾句充滿自信的話，讓卡莎夫人的手立即伸向電話。她聯絡貝桑松國際音樂節的實行委員會，拜託他們讓他參加音樂比賽，結果，實行委員會回答，兩週後做最後決定，請他們等待答覆。

此時，他心中便有一絲希望，心想，若是還不行，就只好放棄了。

兩星期後，他收到美國大使館的答覆，告知他已獲準參加音樂比賽。這表示他可以正式地參加貝桑松國際音樂指揮比賽了！

參加比賽的人，總共約有六十位，他很順利地通過了第一次預選，終於來到正式決賽，此時他嚴肅地想：「好吧！既然我差一點就被逐出比賽，現在就算不入選也無所謂了，不過，為了不讓自己後悔，我一定要努力。」

後來他終於獲得了冠軍。

就這樣，他建立了國際大指揮家不可動搖的地位，我們可從他的努力中看出，直到最後，他都沒有放棄，很有耐心地奔走日本大使館、美國大使館，為了參加音樂節，盡了最大的努力，如此才能為他招來好運——獲得貝桑松國際指揮比賽優勝、成為享譽國際的著名指揮家。

有挫折經歷的人生是另一個太陽。經歷一次挫折，就如同經過一個黑夜，迎來一輪新的朝陽，獲得一個人生的新起點。挫折使人充滿智慧，使人變得堅毅，使人丟棄驕傲，挺直脊樑。只有那些從挫折中走出來的人才知道珍惜現在，創造未來。

大膽嘗試，切莫優柔寡斷

成功在一種貌似幼稚和單純上，成功在對任何一種事情都充滿熱情和好奇上，成功在一種大膽和盲目上。

有一天，心情極度沮喪的威爾遜正在孟斐斯市郊區散步。突然，他看到這裡有一塊荒廢的土地，由於地勢低窪，既不宜於耕種，也不宜於蓋房子，所以無人問津。就在這時，一個絕佳的投資計劃在他的頭腦中形成了。於是，他連忙向當地土地管理部門打聽，看看能否以低價收購這塊荒廢的土地。

得到有關部門的肯定答覆之後，他立即結束了自己零售商的業務，以低廉的價格買進這塊地皮。威爾遜不僅敢想，而且敢做，這便是「當機立斷」。

可是，包括他母親在內，所有的親朋好友都對他買進這樣的一塊地皮表示懷疑。他們對威爾遜說：「我們不了解你這樣做的用意究竟何在？」

「我不太會做零售生意。」威爾遜說，「我想再幹我的老本行——蓋房子。」

「做你老本行我不反對，可是，像你這樣亂投資，買這塊地皮簡直是毫無道理。雖說價錢的確很便宜，但買下這樣的一塊廢棄而毫無價值的土地，再便宜又有什麼用呢？況且，那塊地皮太大，整個算起來也要不少的錢，利息的負擔也是一筆很大的損失。」

「親愛的媽媽，這種事我無法向您解釋，請您不要再操心了。我做了這麼多年的生意，我的判斷不會比您差，總有一天，您就會了解我的做法。」

「我不是干涉你的決定，」母親接著說，「我只是提醒你，你的資金不多，要做有效的利用。」

「是啊，」威爾遜的太太也在一旁幫腔，「你已經賠掉十幾萬了，不能再胡亂冒險，難道我們這麼多人的智慧不如你一個人？」

最終，威爾遜說服了妻子和母親，按自己的想法去做。

不久，威爾遜終於在這個地方創辦了著名的假日旅館。在他看來，住慣了高樓大廈，吃膩了加工食品的城市居民們，大都有厭煩都市生活的心理，因此他們樂於在假日期間回到大自然的懷抱中，呼吸一些新鮮空氣，一面觀賞大自然的美麗風光，一面在這青山綠水之間放鬆自己疲憊的身心。而在威爾遜的假日旅館中，他為人們所提供的具有濃郁鄉土氣息的、道地的農莊建築，再加上農家生產的蔬菜、瓜果等食品，都為久居都市的人帶來了一股清新的氣息。因此，它一誕生，就受到了人們熱烈的歡迎，很快，威爾遜首創的這家假日旅館就發展到相當大的規模，也為他自己帶來了巨大的經濟利益。威爾遜實現了他自己的諾言，既方便了他人，又為自己帶來了利潤。

如果你面對風險時信心不足的話，不必擔心，不妨大膽些，及時邁出決定性的第一步。記住，在你已經冒了第一個很大的險以後，再去面對風險就容易得多了。

凡是成功者都必定是勤奮者，但勤奮者並不一定都是成功者；凡是成功者都是智者，但智者並不一定都是成功者。過於理性的人，凡事看得太清，往往將困難和問題看得太準、太重、太大，以至於遲遲下不了手，在優柔寡斷中錯失良機，而那位朋友，則在熱情勤奮中，在幼稚單純中，相信有種無形的力量在支持著他，因而，困難再大的事，別人認為根本沒什麼希望的事，他都能果斷而大膽地實施自己的計劃和夢想，結果他成功了。

讓自己勇敢堅強起來

在每個人的一生中，不可能一帆風順。當自己遇到困難時，關鍵在於自己的勇敢和堅強。

詹姆斯的父親生重病的時候已經是七十歲了，他曾經是全州的拳擊冠軍，由於有著硬朗的身子，身體能夠抵禦一定疾病的纏繞，所以才一直挺了過來。

有一天晚飯後，詹姆斯的父親把全家人召到病榻前，他的病情日益惡化，自己已知時日不多了，他一陣接一陣地咳嗽，臉色顯得蒼白，說話也有氣無力。他艱難地看了每個人一眼，緩緩地說：「我給你們說一件事情，那是在一次全州冠軍對抗賽上，對手是個人高馬大的黑人拳擊手，而我個子矮小，明顯地處於劣勢，一次次被對方擊倒，牙齒被打掉了一顆。休息的時候，教練鼓勵我說：『詹姆斯，你能行，而且能挺到最後一局！』我說：『我會堅持住的，我能應付過去！』當時，我的身子像一塊巨大的石頭艱難地挪動著，對手的拳頭擊打在我身上發出空洞的聲音，我感到害怕。跌倒、爬起，爬起後，又被擊倒了，就這樣反覆著，我終於熬到了最後一局。對手膽怯了，我開始了真正的反擊，你們也許體會不到，我是在用我的意志打擊，長拳、勾拳、重拳，我們兩人的血混在一起，血腥味伴著人們的呼喊聲更激發起我的鬥志。我的眼前有無數個影子在晃，我終於找準了機會，狠命地一擊……他倒下了，而我終於挺過來了。最終我獲得了我職業生涯中唯一的一枚金牌。」

就在他說話間，又咳嗽了起來，汗珠滾滾而下。他把手搭在詹姆斯的手上，微微一笑：「孩子，不要緊，才一點點痛，沒什麼事，我能應付過去。」

第二天，詹姆斯的父親就因咳血而亡了。那段日子，可以說是非常的艱難，由於發生了經濟危機，詹姆斯和妻子都先後失業了，經濟狀況非常困難。那個時候，父親又患上了肺結核，因為沒有錢支付高昂的醫療費用，請不來大夫醫治，又沒有其他辦法，只好一直拖到死。

父親死後，家裡的境況更加艱難，度日如年。詹姆斯和妻子每天都在外面奔波找工作，在這種艱難的條件下，他們也沒有氣餒，而是互相鼓勵：「不要緊，我們會應付過去的，一切都會過去。」

後來，詹姆斯和妻子都重新找到了工作。每當他們坐在餐桌旁靜靜地吃飯的時候，他們就會想到父親，想到父親的那句話「我能應付過去」，而且把它作為他們生活的座右銘。

每個人都有感到生活艱苦難耐的時候，但要咬緊牙關堅持下去，善於在困境中對自己說：「一切都會好起來的！我能應付過去！一切都會過去。」

一九八七年三月三十日晚上，洛杉磯音樂中心的錢德勒大廳內燈火輝煌，座無虛席，人們期盼已久的第五十九屆奧斯卡金像獎的頒獎儀式正在這裡舉行。在熱情洋溢、激動人心的氣氛中，儀式一步步地接近高潮——高潮終於來到了，主持人宣布：瑪麗．麥特琳在《悲憐上帝的女兒》中有出色的表演，獲得最佳女主角獎。全場立刻爆發出雷鳴般經久不息的掌聲，瑪麗．麥特琳在掌聲和歡呼聲中，一陣風似的快步走上領獎臺，從上屆影帝——最佳男主角獎得主威廉，赫特手中接過奧斯卡金像。

手裡拿著金像的瑪麗・麥特琳激動不已，她似乎有很多很多話要說，可是人們沒有看到她的嘴動。她又把手舉了起來，是那種向人們揮手致意的姿勢，眼尖的人已經看出她是在向觀眾打手語，內行的人已經看明白了她的意思：說心裡話，我沒有準備發言。此時此刻我要感謝電影藝術科學院，感謝全體劇組同事……

原來，瑪麗・麥特琳是名生活障礙者，她出生時是一個正常的孩子，但她在出生十八個月後，被一次高燒奪去了聽力和說話的能力。

雖然如此，她對生活仍然充滿激情。她從小就喜歡表演，八歲時加入伊利諾伊州的聾啞兒童劇院，九歲時就在《盎司魔術師》中扮演多蘿西。

但十六歲那年，瑪莉被迫離開了兒童劇院。所幸的是，她還能時常被邀請用手語表演一些生活障礙者角色。正是這些表演，使瑪莉認識到了自己生活的價值，克服了失望心理。她利用這些演出機會，不斷鍛鍊自己，提高演技。

一九八五年，十九歲的瑪莉參加了舞台劇《悲憐上帝的女兒》的演出，她飾演的是一個次要角色。可就是這次演出，使瑪莉走上了銀幕。

女導演蘭達・海恩絲決定將《悲憐上帝的女兒》拍成電影。可是物色女主角——薩拉的扮演者，使導演大費周折，她用了半年時間先後在美國、英國、加拿大和瑞典尋找，竟然都沒找到中意的。於是她又回到了美國，觀看舞台劇《悲憐上帝的女兒》的錄影。她發現了瑪莉高超的演技，決定立即啟用瑪莉擔任影片的女主角，飾演薩拉。瑪莉扮演的薩拉，在全片中沒有一句臺詞，全靠極富特色的眼神、表情和動作，揭示主角矛盾複雜的內心世界——自卑和不屈、喜悅和沮喪、孤獨和多情、消沉和奮鬥。瑪莉十分珍惜這次機會，她勤奮、嚴謹、認真地對待每一個鏡頭，用自己的心去拍，因此表演得唯妙唯肖，讓人拍案叫絕。

就這樣，瑪麗．麥特琳實現了人生的飛躍，她成為美國電影史上第一個聾啞影后。正如她自己所說的那樣：我的成功，對每個人，不管是正常人，還是殘疾人，都是一種激勵。

不要讓自己阻礙了自己

在英國倫敦市區，施工人員為開拓一條新路，拆掉許多年代久遠的樓房。由於後繼行動沒有跟上，工期拖延了較長時間，舊樓址一直沉寂在那裡，聽憑風吹日曬雨淋。這一日天氣晴朗，一批植物學家路過這裡，驚奇地發現長年不見天日的地基上，居然冒出一簇簇奇花異草。

經過仔細審視鑑別，植物學家確定花草為地中海沿岸國家特有，從未在英國大地上展現姿色。那些植物的種子如何跨洋來到這裡，又是怎樣破土而出的呢？排除一個個假設，否定一條條線索，植物學家做出一個合理的解釋，就是這些樓房是古羅馬人從前攻占倫敦時建造的，那些種子也是那時由他們帶到這裡的。

被埋沒了千百年，被壓抑了千百年，花草的種子並未喪失生機，依然期待著拱出地表的一天。一旦搬開壓在上面的磚頭石塊，得到陽光雨露的滋潤，它們又都本能地振奮起精神，為大地營造出一簇簇的芳華。人生若能像種子一樣地頑強，必能熬過被埋沒壓抑的日子，迎來姹紫嫣紅的一天。

在麻省理工學院的一塊園地，科學研究人員進行一項耐人尋味的試驗。他們給一個正在發育的南瓜箍上一道道鐵圈，測試其承受壓力的能力究竟有多大。試驗之初，人們期待南瓜承受壓力的極限是五百磅。實驗進行至一個月，南瓜承受壓力達到預期的指標，可它依舊安然無恙。又過了一個月，南瓜承受的壓力達到一千五百磅，可它仍在頑強地生存著。當南瓜承受的壓力達到兩千磅時，科學研究人員不得不對鐵圈進行加固，以免被南瓜弄斷。實驗進行到最後，南瓜承受的壓力突破五千磅，達到人們期待值的十倍，才超越極限導致瓜體破裂。

科學研究人員去掉那些鐵圈，用力將南瓜掰開，發現裡邊布滿堅韌的植物纖維，已經不能食用。與此同時，為了吸收足夠的能量抵禦鐵箍的限制，它的根鬚異常發達地向外擴張，最遠的已伸展到試驗園地的邊緣。

人生總是要承受這樣那樣的壓力，難免會遇列這樣那樣的困難，只要有堅定的意志和信念，充分調動內在的潛能，利用好現有的環境或條件，就一定能夠像遭遇緊箍的南瓜一樣，積蓄並釋放出超乎想像的能量。

我們都喜歡給自己設限，不是我們做不到，而是我們自己阻礙自己去實現。

在失敗中尋求勝利

俾斯麥曾說：「失敗是堅韌的最後考驗。」只要站起來的次數比跌倒多上一次，你就要成功了。

肯德基連鎖店的創辦人桑德斯，在他六十五歲時，窮困潦倒身無分文。當他拿到生平第一張救濟金支票時，金額只有一百零五美金，內心真的很淒涼。如何改善自己的生活，他問自己：「我到底可以為人們奉獻什麼？」他開始思量自己的所有，試圖找出他可以借助的。

桑德斯仔細審視過自己之後，發現他擁有一套應該是人人都愛的炸兔祕方，不知道餐館要不要？他本來要把祕方給賣了，但賣掉的錢夠不夠付房租。不如教餐館如何炸兔的技術。如果客人點名要他的炸兔，生意越做越好的話，他也可以跟餐館老闆談談提成也不是不可能的。

桑德斯於是把他的想法告訴附近每一位餐廳老闆。他們的反應卻是殘酷的。很多人都當面嘲笑他：「得了吧！老傢伙，若是有這麼好的祕方，你幹嘛還穿著這麼可笑的白色服裝？」桑德斯並沒有因此而放棄，在他得到第一聲「好」之前，整整被拒絕了一千零九次之多，有兩年的時間，他獨自駕著他那輛又舊又破的老爺車，行進在美國大地的各個角落上，睏了就睡在汽車後座，醒來便逢人訴說他那些點子，他所示範的炸兔，經常就是自己果腹的餐點……

熱情付出與真誠給予，除了能夠彰顯肯定自我生命的存在價值外，更是邁向成功的必要因素。因為無私的大愛讓他們無怨無悔，最終成就偉大的事業。

韓國商人鄭周永在承建釜山洛東江逾齡梁的修復工程時，由於對戰後物價波動預測不準，導致施工總費用直線上升，在不到兩年的時間裡，預計的總工程費用竟比簽訂的工程費上漲數倍。鄭周永心裡很清楚這個數字對於自己剛剛創辦的公司意味著什麼，他已經是負債纍纍，面臨破產的邊緣。鄭周永想：無論如何也要勇敢地堅持下去，絕不能讓公司倒閉。他在當時並沒有去求助政府保護，也並未採取任何呼救態度，而是經過冷靜的思考，決定破釜沉舟。鄭周永一方面要求工程必須保證品質，不偷工減料，另一方面積極籌措資金。就這樣，他的企業真的渡過了難關，而且修復工程做得很好。就是憑著積極進取的精神，他得到了業內很好的信譽，再憑著這個信譽，又使他的企業在競標韓國最長的橋樑——漢江大橋的修復工程時，以三十七億元的標的得到了第一期工程。由於施工品質一流，因此漢江大橋第二、三期工程仍非他莫屬。因為漢江大橋工程的成功，使得鄭周永的現代集團一躍成為韓國建設工程領域的龍頭企業。

困難是任何人都會遇到的，面對困難我們沒有理由退縮，只有積極地進取才能夠讓我們從絕境之中闖出一條生路。懷著積極的心態去面對困難永遠是我們戰勝它的法寶，「狹路相逢勇者勝」，只要我們抱著必勝的信念，成功終將屬於我們。

許多人要是沒有遇到失敗，就不會發現自己真正的才幹。他們若不遇到極大的挫折，不遇到他們生命本質的打擊，就不知道怎樣發掘自己內部貯藏的力量。

堅持是成功的動力

堅持二字說起來容易，做起來則沒那麼簡單。對於這一點，馬爾有精闢的解讀：「別人放棄，自己還在堅持，他人後退，自己照樣前進，看不到光明和希望依然努力奮鬥，這種精神是一切科學家、發明家取得巨大成功的原因。

迪士尼在上學的時候，就對繪畫和描寫冒險生涯的小說特別地入迷，並很快就讀完了馬克．吐溫的《湯姆．索亞歷險記》等探險小說。一次，老師布置了繪畫作業，小迪士尼就充分地發揮自己的想像力，把一盆的花朵都畫成了人臉，把葉子畫成人手，並且每朵花都以不同的表情來表現自己的個性。按說這對孩子來說應該是一件非常值得肯定的事，然而，無知的老師根本就不理解孩子心靈中的那個美妙的世界，竟然認為小迪士尼這是胡鬧，說：「花兒就是花兒，怎麼會有人形？不會畫畫，就不要亂畫了！」並當眾把他的作品撕得粉碎。小迪士尼辯解說：「在我的心裡，這些花兒確實是有生命的啊，有時我能聽到風中的花朵在向我問好。」老師感到非常氣憤，就把小迪士尼拎到講臺上狠狠地毒打一頓，並告誡他：「以後再亂畫，比這打得還要狠。」

值得慶幸的是，老師的這頓毒打並沒有改變他「亂畫的毛病」，小迪士尼一直在努力地追求著成為一個漫畫家的夢想。

第一次世界大戰美國參戰後，迪士尼不顧父母的反對，報名當了一名志願兵，在軍中做了一名汽車駕駛員。閒暇的日寸候，他就創作一些漫畫作品寄給國內的一些幽默雜誌，他的作品竟然無一例外地被退了回來，理由就是作品太平庸，作者缺乏才氣和靈性。

戰爭結束後，迪士尼拒絕了父親要他到自己有些股份的冷凍廠工作的要求，他要去實現他童年時就立誓實現的畫家夢。他來到了堪薩斯市，他拿著自己的作品四處求職，經過一次又一次的碰壁之後，終於在一家廣告公司找到了一份工作。然而，他只做了一個月就被辭退了，理由仍是缺乏繪畫能力。

一九二三年十月，迪士尼終於和哥哥羅伊在好萊塢一家房地產公司後院的一個廢棄的倉庫裡，正式成立了屬於自己的迪士尼兄弟公司，不久，公司就更名為「華特．迪士尼公司」。

雖然歷盡了坎坷，但他創造的米老鼠和唐老鴨幾年後便享譽全世界，並為他獲得了二十七項奧斯卡金像獎，使他成為世界上獲得該獎最多的人。他死後，《紐約時報》刊登的訃告這樣寫道：

「華特．迪士尼開始時幾乎一無所有，僅有的就是一點繪畫才能，與所有人的想像不相吻合的天賦想像力，以及百折不撓一定要成功的決心，最後他成了好萊塢最優秀的創業者和全世界最成功的漫畫大師……」

失敗並不可怕，可怕的是你面對失敗時的態度。華特．迪士尼面對失敗，面對別人的批評，他沒有否定自我，沒有放棄，而是堅強地走了下去。

也許，無論我們怎樣奮鬥，都不會有迪士尼那樣的輝煌成就，可是，如果你沒有迪士尼不怕失敗、百折不撓的精神，你注定不會成功。

逆境是你最好的朋友

逆境常常能鍛鍊人們的意志，一旦具備了像鋼鐵一般的意志，成功對於我們而言，也成為理所當然的事情了。事實上，每一位傑出人物的成長道路都不是一帆風順的。正是他們善於在艱難困苦中向生活學習，磨礪意志，才在最險峭的山崖上扎根成長為最偉岸挺拔的大樹，昂首向天。一位偉人說過：並不是每一次不幸都是災難，早年的逆境通常是一種幸運。與困難作鬥爭不僅磨礪了我們的人生，也為日後更為激烈的競爭準備了豐富的經驗。

在法國里昂的一個盛大宴會上，來賓們就一幅繪畫到底是表現了古希臘神話中的某些場景，還是描繪了古希臘真實的歷史畫面，展開了激烈的爭論。看到來賓們一個個面紅耳赤，吵得不可開交，氣氛越來越緊張，主人靈機一動，轉身請旁邊的一個侍者來解釋一下畫面的意境。

這是一位地位卑微的侍者，他甚至根本就沒有發言的權利，來賓們對主人的建議感到不可思議。結果卻大大出乎了人們的意料，這位侍者的解釋令所有在座的客人都大為震驚，因為他對整個畫面所表現的主題作了非常細緻入微的描述。他的思路顯得非常清晰，理解非常深刻，而且觀點幾乎無可辯駁。因而，這位侍者的解釋立刻就解決了爭端，所有在場的人無不心悅誠服。

大家對這位侍者一下子產生了興趣。

「請問您是在哪所學校接受教育的，先生？」在座的一位客人帶著極其尊敬的口吻詢問這位侍者。

「我在許多學校接受過教育，閣下。」年輕的侍者回答說，「但是，我在其中學習時間最長，並且學到東西最多的那所學校叫做『逆境』。」

這個侍者的名字叫做讓．雅克．盧梭。他的一生確實都是在逆境中度過的。早年貧寒交迫的生活，使得盧梭有機會成為一個對社會有著深刻認識的人，儘管他那時只是一個地位卑微的侍者。然而，他卻是那個時代整個法國最偉大的天才，他的思想甚至對今天的生活仍有著重要的影響。盧梭的名字，和他那閃爍著智慧火花的著作，就像暗夜裡的閃電一樣照亮了整個歐洲。

就像盧梭說的那樣，他這一切偉大成就的取得，莫不得益於那所叫做「逆境」的學校。「逆境」是最為嚴厲最為崇高的老師，用最嚴格的方式教育出最傑出的人物。人要獲得深邃的思想，或者要取得巨大的成功，就要善於從艱難困境中摒棄淺薄。不要害怕苦難，不要鄙夷不幸，往往是這些不幸的生活造就的一個深刻、嚴謹、堅忍並且執著的個性。

很多人也許都心存憤懣，也許都在抱怨命運的不公平，抱怨環境對自己的不利影響，那麼，讀一讀英國著名作家威廉．科貝特當年如何學習的事，一定能讓你停止抱怨。

科貝特回憶說：「當我還只是一個每天薪俸僅為六便士的士兵時，我就開始學習語法了。我床鋪位的邊上，或者是專門為軍人提供的臨時床鋪的邊上，都是我學習的地方。把一塊木板往膝蓋上一放，就成了我簡易的寫字臺。在將近一年的時間裡，我很少為學習買專門的用具，我也沒有錢來買蠟燭或者燈油。在寒風凜冽的冬夜，除了火堆發出的微弱光線之外，我幾乎沒有任何光源。而且，即便是就著火堆的亮光看書的機會，也只有在輪到我值班時才有。為了買一隻鋼筆或者是一疊紙，我不得不節衣縮食，從牙縫裡省錢，所以我經常處於半饑半飽的狀態。」

「我沒有任何可以自由支配、用來安靜學習的時間，我不得不在戰友的高談闊論、粗魯的玩笑、尖利的口哨、大聲的叫罵等等各種各樣的喧囂聲中，努力靜下心來讀書寫字。要知道，他們中至少有一半以上的人是屬於最沒有思想和教養、最粗魯野蠻、最沒有文化的人。你們能夠想像嗎？」

「為了一支筆、一瓶墨水或幾張紙我要付出相當大的代價。每次，揣在我手裡的用來買筆、買墨水或買紙張的那枚小銅幣似乎都有千斤之重。要知道，在我當時看來，那可是一筆大數目啊！當時我的個子已經長得像現在這般高了，我的身體很健壯，體力充沛，運動量很大。在部隊除了食宿免費之外，我們每個人每週還可以得到兩個便士的零花錢。我至今仍然清楚地記得這樣一個場面，回想起來簡直就是恍如昨日。有一次，在市場上買了所有的必需品之後，我居然還剩下了半個便士，於是我決定在第二天早上去買一條鯡魚。當天晚上，我饑腸轆轆地上床了，肚子在不停地咕咕作響，我覺得自己快餓得暈過去了。但是，不幸的事情還在後頭，當我脫下衣服時，我竟然發現那寶貴的半個便士不知道在什麼時候已經不翼而飛了！我一下子如五雷轟頂，絕望地把頭埋進發霉的床單和毛毯裡，就像一個孩子般傷心地嚎啕大哭起來。」

但是，即便是在這樣貧困窘迫的不利環境下，科貝特還是坦然樂觀地面對生活，在逆境中臥薪嘗膽、積蓄力量，堅持不懈地追求著卓越和成功，最後成為了一名著名的作家。

科貝特艱難的環境不但沒有消磨他的意志，反而成為他不斷前進的動力。他說：「如果說我在這樣貧苦的現實中尚且能夠征服艱難、出人頭地的話，那麼，在這世界上還有哪個年輕人可以為自己的庸庸碌碌、無所作為找到開脫的藉口呢？」

第七章
學會選擇，懂得放棄

懂得什麼時候該放棄是人生的一種明智和練達。在人生的旅途中，有很多東西是需要捨棄的，背著包袱趕路的人，要麼步履維艱，要麼就被拋在後面，無法前進。只有放下包袱，才能步履輕盈，早日邁向成功。

放下欲望的包袱

有一位禁慾苦行的修道者，準備離開他所住的村莊，到無人居住的山中去隱居修行，他只帶了一塊布當作衣服，就一個人到山中居住了。

後來他想到當他要洗衣服的時候，他需要另外一塊布來替換，於是他就下山到村莊中，向村民們乞討一塊布當作衣服，村民們都知道他是虔誠的修道者，於是毫不猶豫地就給了他一塊布，當作換洗用的衣服。

當這位修道者回到山中之後，他發覺在他居住的茅屋裡面有一隻老鼠，常常在他專心打坐的時候來咬他那件準備換洗的衣服，他早就發誓一生遵守不殺生的戒律，因此他不願意去傷害那隻老鼠，但是他又沒有辦法趕走那隻老鼠，所以他回到村莊中，向村民要一隻貓來飼養。

得到了一隻貓之後，他又想到了——「貓要吃什麼呢？我並不想讓貓去吃老鼠，但總不能跟我一樣只吃一些水果與野菜吧！」於是他又向村民要了一頭乳牛，這樣那隻貓就可以靠牛奶維生。

但是，在山中居住了一段時間以後，他發覺每天都要花很多的時間來照顧那頭母牛，於是他又回到村莊中，他找到了一個可憐的流浪漢，於是就帶著這個無家可歸的流浪漢到山中居住，幫他照顧乳牛。

那個流浪漢在山中居住了一段時間之後，他跟修道者抱怨說：「我跟你不一樣，我需要一個太太，我要正常的家庭生活。」

修道者想一想也有道理，他不能強迫別人一定要跟他一樣，過著禁慾苦行的生活……這個故事就這樣繼續演變下去，你可能也猜到了，到了後來，也許是半年以後，整個村莊都搬到山上去了。

欲望就像是一條鎖鏈，一個牽著一個，永遠都不能滿足。

《百喻經》裡有一個故事，從前有一隻獼猴，手裡抓了一把豆子，高高興興地在路上一蹦一跳地走著。一不留神，手中的豆子滾落了一顆在地上，為了這顆掉落的豆子，獼猴馬上將手中其餘的豆子全部放置在路旁，趴在地上，轉來轉去，東尋西找，卻始終不見那一顆豆子的蹤影。最後獼猴只好用手拍拍身上的灰土，回頭準備拿取原先放置在一旁的豆子，怎知那顆掉落的豆子還沒找到，原先的那一把豆子，卻全都被路旁的雞鴨吃得一顆也不剩了。

年輕時，對於某些事物的追求，如果缺乏理智判斷，而只是一味地投入，不也像故事中的獼猴只是顧及掉落的一顆豆子。等到後來，終將發現所損失的，竟是所有的豆子！想想，我們現在的追求，是否也是放棄了手中的一切，僅追求掉落的一顆！

在印度的熱帶叢林裡，人們用一種奇特的狩獵方法捕捉猴子：在一個固定的小木盒裡面，裝上猴子愛吃的堅果，盒子上開一個小口，剛好夠猴子的前爪伸進去，猴子一旦抓住堅果，爪子就抽不出來了。人們常常用這種方法捉到猴子，因為猴子有一種習性，不肯放下已經到手的東西，人們總會嘲笑猴子的愚蠢：為什麼不鬆開爪子放下堅果逃命？但審視一下我們自己，也許就會發現，並不是只有猴子才會犯這樣的錯誤。

因為放不下到手的職務、待遇，有些人整天東奔西跑，耽誤了更遠大的前途；因為放不下誘人的錢財，有人費盡心思，利用各種機會去大撈一把，結果常常作繭自縛；因為放不下對權力的佔有欲，有些人熱衷於溜鬚拍馬、行賄受賄，不惜丟掉人格的尊嚴，一旦事情敗露，後悔莫及……

生命如舟，生命之舟載不動太多的物慾和虛榮，要想使之在抵達彼岸時不在中途擱淺或沉沒，就必須輕載，只取需要的東西，把那些應該放下的「堅果」果斷地放下。

讓我們從猴子悲劇中吸取一個教訓，牢牢記住：該鬆手時就鬆手。

放棄是一種智慧

中國有句老話：有所不為才能有所為。去除那些對你是負擔的東西，停止做那些你已覺得無味的事情。只有放棄才能專注，才能全力以赴。

當然，我們在這裡並不是反對大家去努力奮鬥，只是說相對於無止境的成就來說，一個人達到個人所能及的成就也就可以了。由於每個人的能力是不一樣，所以就每個人達到何種成就來說又是不同的。

俗話說：「人怕出名豬怕壯。」人一旦出名是要注意自己的安全問題的。與其看著自己奮鬥一生的東西毀於一旦，不如在生活中過一種平穩、安定的日子，這樣的生存也未必就不比大起大落好。這是一種生存哲學，也是一種生存藝術，知足的人往往比其他人過得充實，過得快樂。

有一位房客回到住處後，發現他的房東正在挖屋前的草地。他不相信自己的眼睛似的問：「這些草你要挖掉嗎？它們是那麼漂亮，而你又花了多少心血呀！」

「是的，問題就在這裡。」房東說，「每年春天我要為它施肥、鬆土，夏天又要澆水、剪割，秋天要再播種。這草地一年要花去我幾百個小時。」

房東在原先的草地種上了一些柿子樹，秋天的時候，柿子樹上掛滿了一隻只紅彤彤的「小燈籠」，可愛極了。這些柿子樹不需要花什麼精力來管理，使房東可以空出時間做些他真正樂意做的事情。

適時放棄是一種智慧，會讓你更加清醒地審視自身內在的潛力和外界的因素，會讓你疲憊的身心得到調整，開始新的追求，成為一個快樂明智的人。有的人不願放棄是因為不能正確地認識自己、認識客觀事物或者不能正確地審時度勢，放棄不應是心血來潮的隨意之舉，也不是無可奈何的退卻策略，而是對客觀情況的縝密分析，是沉著冷靜、堅強意志的結果和體現，正確的放棄是成功的選擇。

幸福是一種選擇

有的人認為「人生苦短，去日無多」，不如尋歡作樂，過把癮就死，這就是幸福；有的人認為金錢至上，「有錢能使鬼推磨」，這就是幸福；而有的人以「寧做中華斷頭屍，不做倭奴屈膝人」的慷慨激昂、赴湯蹈火為幸福；有的人以「寧可枝頭抱香死，不隨落葉舞西風」的潔身自好、嚴於律己為幸福。幸福到底在哪裡？不同的人有不同的理解，不同的理解有了不同的人生。

有人曾問過一位快樂的老人：「你為何會這樣幸福呢？你一定有關於創造幸福的不可思議的祕訣吧！」

「不！不！」老人回答，「我只是選擇『幸福』而已。」

選擇「幸福」？這件事乍聽起來，也許單純得令人不敢相信。但是，卻讓我想起一件重要的事，那就是亞伯拉罕·林肯曾說過的：「人們如果下定決心要擁有幸福，他就會擁有幸福。」換言之，如果你選擇不幸，你就會變得不幸。

會享受人生的人，不會在意擁有多少財富，不會在意住房大小、薪水多少、職位高低，也不會在意成功或失敗，只要會數數就行。「不要計算已經失去的東西，多數數現在還剩下的東西。」這個十分簡單的數數法，就是選擇幸福的一種智慧。

在寧夏南部山區有一位還未脫貧的農民，他常年住的是漆黑的窯洞，頓頓吃的是玉米、馬鈴薯，家裡最值錢的東西就是一個盛麵的櫃子。可他整天無憂無慮，早上唱著山歌去幹活，太陽落山又唱著山歌走回家。別人都不明白，他整天樂什麼呢？

他說：「我渴了有水喝，餓了有飯吃，夏天住在窯洞裡不用電扇，冬天熱乎乎的炕頭勝過暖氣，日子過得美極了！」

這位農民能珍惜自己所擁有的一切，從不為自己欠缺的東西而苦惱，這就是他能感受到幸福的真正原因。

其實，我們絕大多數人所擁有的，遠遠超過了這位農民，可惜總被自己所忽略。你的收入雖然不高，但粗茶淡飯管飽管夠，絕無那些富貴病的侵擾；你的配偶或許並不出眾，但他（她）能與你相親相愛，白頭到老；你的孩子雖然沒有考上大學，但他（她）卻懂得孝敬父母，知道自力更生……人生，該數數的東西還有很多很多。

學會「捨得」

「捨得」既是一種生活的哲學，更是一種做人的智慧。舍與得就如水與火、天與地、陰與陽一樣，是對立統一的矛盾概念，相輔相成，存於天地，存於人生，存於心間，存於微妙的細節，囊括了萬物運行的所有機理。萬事萬物均在捨得之間，達到和諧，達到統一。要得便須舍，有舍才有得。

也許在捨去的當時是痛苦的，甚至是無奈的選擇。但是，若干年後，當我們回首那段往事時，我們會為當時正確的選擇感到自豪，感到無愧於社會、無愧於人生。也許正是當年的放，才到達今天的光輝極頂和成功彼岸。

伽利略是被迫去學醫的。當他被迫學習解剖學和生理學的時候，他同時學習著歐基里得幾何學和阿基米德數學。偷偷地研究複雜的數學問題，當他從比薩教堂的鐘擺發現鐘擺原理的時候才十八歲。

羅大佑的《童年》、《戀曲一九九〇》等經典歌曲影響和感動了一代人。羅大佑起初是學醫的，後來他發覺自己對音樂情有獨鍾，所以他棄醫從樂，他的選擇是對的。

捨得，並不意味著失去，因為只有捨得才會有另一種獲得。要想採一束清新的山花，就得捨去城市的舒適；要想做一名登山健兒，就得捨去嬌嫩白淨的膚色；要想穿越沙漠，就得捨去咖啡和可樂；要想有永遠的掌聲，就得捨去眼前的虛榮。

愛已遠去，不必強留

一個捲入婚戀多年的女子，遲遲不能走出這個其實對她來說已經是苦遠多於甜的關係。她說：「我忘不了那些他曾經給過我的浪漫、深刻的愛的感覺。」

另一個女人的男朋友感情出軌多次，儘管痛苦她卻始終不願分手，她說：「和他在一起這麼多年了，要分手，我不甘心！」

當愛遠走，放棄和放手都是最好的選擇。因為無法忘卻曾經有過的美好，無法相信現實，而讓更多的痛苦壓在自己的肩上、心上；讓自己和對方一起痛苦，究竟是否懲罰了對方也許還是未知數，但是自己絕對是被懲罰最重的一個。因為你剝奪了自己重新享受快樂和幸福的權利。

放手，讓愛的人走，並不是一件容易的事。但是，這卻是唯一的良藥。否則，我們就會處在無休止的痛苦、氣憤和沮喪之中。

所謂放棄和放手的藝術，並不單只在愛情消逝的時候適用。事實上，當愛情還在的時候，就懂得放手的道理，往往是更積極的治本的方法。

從小到大，在每一段關係裡，我們都是在尋找著一方面與人連結、一方面與自己連結的雙向路線。也就是說儘管再親密，我們也需要擁有自己的空間。親子關係、家人關係、朋友關係都如此，愛情關係當然也不例外。如果失去了這樣的空間，我們很快就會覺得被束縛，覺得窒息，覺得痛苦。

因此，當愛還在的時候，懂得適當放手，給愛一個空間，就是一件很重要的事情。其實，如果仔細而深入地思考一下，如果我們在愛時僅僅要求雙方黏在一起，往往是因為害怕、因為缺乏安全感、因為嫉妒、因為要把自己生命的責任和重量交在對方身上，而不是因為愛。

放手，給愛以空間，就像紀伯倫在《先知》中所說的：「在你們的密切結合之中保留些空間吧，好讓天堂的風在你們之間舞蹈。彼此相愛，卻不要使愛成為枷鎖，讓它就像在你們倆靈魂之間自由流動的海水。」

有時只有放棄才能前行

在我們的人生旅途中，時時刻刻都在面臨放棄和被放棄。但你必須明白，並不是所有的探索都能發現鮮為人知的奧祕，並不是所有的跋涉都能抵達勝利的彼岸，並不是每一滴汗水都會有收穫，並不是每一個故事都會有美麗的結局。因此，我們應該學會放棄，明白這點，也許你就會在失敗、迷茫、愁悶、面臨「心苦」時，找到平衡點，找回自己的人生座標。

從前有個孩子，手伸到一隻裝滿榛果的瓶裡，他盡其所能地抓了一大把榛果，當他想把手收回時，手卻被瓶口卡住了。他既不願放棄榛果，又不能把手抽出來，不禁傷心地哭了。這時一個旁人告訴他：「只拿一半，讓你的拳頭小些，那麼你的手就可以很容易地抽出來了。」

貪婪是大多數人的毛病，有時候只抓住自己想要的東西不放，就會為自己帶來壓力、痛苦、焦慮和不安。往往什麼都不願放棄的人，結果卻什麼也沒有得到。

放棄是一種智慧。儘管你的精力過人，志向遠大，但時間不容許你在一定時間內同時完成許多事情，正所謂：「心有餘而力不足。」就如把眼前的一大堆食物塞進嘴裡，塞得太滿，不僅腸胃消化不了，連嘴巴都要撐破了！所以，在眾多的目標中，我們必須依據現實，有所放棄，有所選擇。

一位精神病醫生有多年的臨床經驗，在他退休後，撰寫了一本醫治心理疾病的專著。這本書足足有一千多頁。書中有各種病情描述和藥物、情緒治療辦法。

有一次，他受邀到一所大學講學，在課堂上，他拿出了這本厚厚的著作，說：「這本書有一千多頁，裡面有治療方法三千多種，藥物一萬多樣，但所有的內容，只有四個字。」

說完，他在黑板上寫下了「如果，下次。」

醫生說，造成自己精神消耗和折磨的全是「如果」這兩個字，「如果我考進了大學」、「如果我當年不放棄她」、「如果我當年能換一項工作」……

醫治方法有數千種，但最終的辦法只有一種，就是把「如果」改成「下次」，「下次我有機會再去進修」、「下次我不會放棄所愛的人」……

漫漫人生路，只有學會放棄，才能輕裝前進，才能不斷有所收穫。一個人倘若將一生的所得都背負在身，那麼縱使他有一副鋼筋鐵骨，也會被壓倒在地。在人生的關鍵時刻，懂得放棄小莉益，不為小恩小惠所動，這絕對是一本萬利的。當然，用自己的利益做賭注，即使再小，也不是任何人都願意去做的，這就要求我們要有長遠的眼光，要敢於下注。

不要留戀眼前，前方的花開得更鮮豔

小溪放棄平坦，是為了回歸大海的豪邁；黃葉放棄樹幹，是為了期待春天的蔥蘢。蠟燭放棄完美的軀體，才能擁有一世光明；心情放棄凡俗的喧囂，才能擁有一片寧靜。

泰戈爾在《飛鳥集》中寫道：「只管走過去，不要逗留著去採了花朵來保存，因為一路上，花朵會繼續開放的。」

為採集眼前的花朵而花費太多的時間和精力是不值得的，道路正長，前面尚有更多的花朵，懂得放棄，放棄會讓我們擁有更多的美好，擁有更加精彩的人生……

漢高祖劉邦死後，太子劉盈當了皇帝，呂后成了呂太后。呂太后見劉邦死了，就大肆消滅異己。她把戚夫人的手腳砍掉，挖去雙眼，灌下毒藥，使她變得又聾又啞，然後又把她扔到廁所裡，稱為「人彘」，朝廷的大權都由呂太后一人把持。

劉盈當皇帝的第二年，齊王劉肥來看望他，劉盈聽說哥哥來了，很高興，就吩咐擺酒招待，並且讓哥哥坐在上頭，自己在下面作陪。呂太后看了很不高興，因為皇帝是至高無上的，怎麼能坐在下面呢？於是，她就叫人斟了兩杯毒酒遞給劉肥，讓他給惠帝祝酒，不想惠帝見齊王起身，也跟著站起來，拿過另一杯酒，準備兄弟兩人乾一杯，呂太后一看很著急，她裝作不小心的樣子，把劉盈手中的酒撞潑了。劉肥看到這種情形，知道呂太后想置他於死地，所以回到住處後，很害怕。這時一人獻計說：「太后只有當今皇上和魯元公主一兒一女，自然對他特別寵愛。如今大王您的封地有七十多座城，公主卻只有幾個城。您要是向太后獻出一郡，把它作為公主的領地，太后定會高興，你也就免除危險了。」

劉肥聽後，就照著這位謀士的方法，把自己的封地城陽郡送給了公主，太后果然很高興，就這樣劉肥平安地離開了長安。

劉肥以放棄了一座小城的代價，保全了自己的性命，這實在是一種明智的選擇。生活中有苦也有樂、有喜也有悲、有得也有失，擁有一顆達觀、開朗的心，就會使平凡黯淡的生活變得有滋有味，有聲有色。那種曾有過的莫名的憂傷和生命的空無，會使一生猶如過客。不要留戀眼前的花朵，前方的路還遠，前面的世界還很大，前方的鮮花開得更燦爛……

用「放」的態度看待人生

佛家以大肚能容天下之事為樂事，這便是一種極高的境界。既來之，則安之，便是一種超脫；但這種超脫，又需多年磨練才能養成。

生活中，有時不好的境遇會不期而至，搞得我們猝不及防，這時我們更要學會放棄。放棄焦躁性急的心理，安然地等待生活的轉機，楊絳在《幹校六記》中所記述的，就是面對人生際遇所保持的一種適度的心態。讓自己對生活對人生有一種超然的關照，即使我們達不到這種境界，我們也要在學會放棄中，爭取活得灑脫一些。

幾十年的人生旅途，會有山山水水，風風雨雨，有所得也必然有所失，只有我們學會了放棄，我們才擁有一份成熟，才會活得更加充實，坦然和輕鬆。

比如大學畢業分手的那一刻，當同窗數載的朋友緊握雙手，互相輕聲說保重的時候，每個人都止不住淚流滿面……放棄一段友誼固然會於心不忍，但是每個人畢竟都有各自的旅程，我們又怎能長相廝守呢？固守著一位朋友，只會擋住我們人生旅程的視線，讓我們錯過一些更為美好的人生山水。學會放棄，我們就有可能擁有更為廣闊的友情天空。

放棄一段戀情也是困難的，尤其是放棄一場刻骨銘心的戀情。但是既然那段歲月己悠然遁去，既然那個背影已漸行漸遠，又何必要在一個地點苦苦地守望呢？不如冷靜地後退一步，學會放棄，一切又會柳暗花明。

用「放」的態度看待人生，你會發現可以把事情看得更清楚。在你心靈疲憊的今天，選擇放下是一種明智的做法，只有放下才能讓心靈淨化，才能充分的享受屬於心靈的愉悅。當一個人把位置站高了、眼光放遠之後，自然而然就可以把事情看得更清楚，不會陷在原地繼續打轉。

人之一生，需要我們放棄的東西很多，古人云：魚和熊掌不可兼得。如果不是我們應該擁有的，我們就要學會放棄。

付出也是一種快樂

我們如若懂得付出，就永遠有可以付出的資本；我們如若只懂得貪圖索取，那就必須永遠有索取的企求。付出越多，收穫越大；索取越多，收穫越小。人生就是由這樣一種慣性趨勢操縱著，我們生存在什麼樣的狀態下，這種狀態就會像滾雪球似的，越滾越大。只要我們養成付出、給予的習慣，我們就會擁有越來越多的可供付出、給予的資本。

付出、給予的核心，也就是愛。給予別人永遠要比向別人索取愉快得多。

有這樣一則寓言故事：一位秀才與一位商人死後一起來到地獄，閻王看過功德簿後對他們說：「你們二人前生沒有做什麼壞事，我特許你們來生投胎為人。但現在只有兩種做人的方式讓你們選擇，一種是做付出的人，一種是做索取的人。也就是說，一個人需要過付出、給予的人生，一個人需要過索取、接受的人生。」

秀才心想，前生我的日子過得並不富裕，有時還填不飽肚子，現在准許來生過索取、接受的生活，也就是吃、穿都是現成的，我只坐享其成就行了，那樣不是太舒服了嗎？想到這裡，他搶先說道：「我要做索取的人。」

商人看到秀才選擇了來生過索取、接受的人生，自己只有付出、給予這條人生可供選擇，他還想到自己前生經商賺了一點錢，正好來生就把它們都施捨出去吧。於是，他心甘情願地選擇了過付出、給予的生活，做一個付出的人。閻王看他們選擇完了，當下判定二人來生的命運：「秀才甘願過索取、接受的人生，下輩子做乞丐，整天向人索取飯食，接受別人的施捨。商人甘願過付出、給予的人生，下輩子做富豪，行善布施，幫助別人。」

秀才萬萬沒有想到自以為聰明的選擇，卻換來了乞討的人生。

只知一味的索取只會讓人生變得貪得無厭，也會讓人變得空虛、懦弱。而真正有成就的人，是決對不會允許自己過那種只懂得索取的人生的。因為他們懂得付出的快樂，也懂得付出能讓他們擁有越來越多的可供付出、給予的資本。

不要讓多餘的包袱壓垮你

在人生的旅途中，一個人如果喜歡把自己所遇到的每件東西都背上，身上負重，這樣就會感覺到非常的累，保證不了哪天會因身負如此沉重的東西而停止不前或倒地不起。在車站，我們看到走得最累的是那些背著大包小包的人。這就告訴我們一個道理：「只有攜帶越少才會越超脫；一個人越是淡泊精神就越自由。」

宋朝的呂蒙正，被皇帝任命為副相。第一次上朝時，人群裡突然有人大聲譏諷道：「哈哈，這種模樣的人，也可以入朝為相啊？」可呂蒙正卻像沒有聽見一樣，繼續往前走。然而，跟隨在他身後的幾個官員，卻為他鳴起不平來，拉住他的衣角，一定要幫他查出究竟是誰如此大膽，敢在朝堂上譏諷剛上任的宰相。呂蒙正卻推開那幾個官員說：「謝謝你們的好意，我為什麼要知道是誰在背後說那些不中聽的話呢？倘若一旦知道了是誰，那麼一生都會放不下的，以後怎麼安心地處理朝中的事？」

呂蒙正之所以能成為大宋的一代名相，其根源正是他有能「放下一切榮辱」的胸襟。這就是拿得起放得下。正如我們人生路上一樣，大千世界，萬種誘惑，什麼都想要，會累死你，該放就放，你會輕鬆快樂一生。

人生苦短，每個人都會有得意、失意的時候，世上沒有一條直路和平坦的路，又何必痴求事事如意呢？如若煩憂相加、困擾接踵，對身心只能有害無益。

我們應該保持心靜如水、樂觀豁達，讓一切隨風而來，又隨風而去，且須從心底經常及時剔除，心房常常「打掃」，方能保持清新亮堂。正如我們每天打掃衛生一樣，該扔的扔，該留的留。心靈自然會釋然，繼而做到，胸襟開闊，積極向上，在人生之路上走得更瀟灑。

懂得放棄的藝術

在現實生活當中，我們常常因為不懂得放棄所謂的固執、不肯放手，而不得不面對許多無奈的痛苦，其實這些讓我們身陷其中而無法自拔的困境，貌似無法解脫，實際上在我們懂得了放棄的藝術之後，一切都變得豁然開朗了起來。

兩個貧苦的樵夫靠著上山撿柴餬口。有一天在山裡發現兩大包棉花，兩人喜出望外，棉花價格高過柴薪數倍，如果將這兩包棉花賣掉，足可供家人一個月衣食無慮。當下兩人各自背了一包棉花，便欲趕路回家。

走著走著，其中一名樵夫眼尖，看到山路上扔著一大捆布，走近細看，竟是上等的細麻布，足足有十多匹之多。他欣喜之餘，和同伴商量，一同放下背負的棉花，改背麻布回家。

他的同伴卻有不同的看法，認為自己背著棉花已走了一大段路，到了這裡丟下棉花，豈不枉費自己先前的辛苦，堅持不願換麻布。先前發現麻布的樵夫見屢勸同伴不聽，最後只得背起麻布，繼續前行。

又走了一段路後，背麻布的樵夫望見林中閃閃發光，待近前一看，地上竟然散落著數壇黃金，心想這下真的發財了，趕忙邀同伴放下肩頭的麻布及棉花，改用挑柴的扁擔挑黃金。他同伴仍是那套不願丟下棉花，以免枉費辛苦的論調，甚至還懷疑那些黃金不是真的，勸他不要白費力氣，免得到頭來一場空歡喜。

發現黃金的樵夫只好自己挑了兩壇黃金，和背棉花的夥伴趕路回家。走到山下時，無緣無故下了一場大雨，兩人在空曠處被淋了個濕透。更不幸的是，背棉花的樵夫背上的大包棉花，吸飽了雨水，重得完全無法再背得動，那樵夫不得已，只能丟下一路辛苦捨不得放棄的棉花，空著手和挑金的同伴回家去了。

人的能力終究是有限的，每個人都有自己做不到的事。相信自己做不到的事，就是做不到，坦然處之，不會覺得自己低人一等，更不會影響自信心，這就是對自己能力不足的信任。做自己能做的事情是一種勇氣，放棄自己做不到的事情是一種智慧。

莎士比亞說過：「最大的無聊是為了無聊而費盡辛苦。」歷史上曾有許多人熱衷於永動機的製造，有的甚至耗盡了畢生的精力，卻無一成功。達．芬奇也曾是狂熱的追求者之一，然而一經實驗他便斷然放棄，並得出了永動機是根本不可能存在的結論，他認為那樣的追求是種愚蠢的行為，追求「鏡花水月」的虛無最後只能落得一場空。

如果一個人執意於追逐與獲得，執意於曾經擁有就不能失去，那麼就很難走出患得患失的誤區，必將會為達到目的而不擇手段，甚至走向極端。為物所累，將成為一生的羈絆。「執著就能成功」或許曾經是無數人的勵志名言。不錯，在歲月的滄桑中背負著這份執著，有過成功也有過失敗，儘管筋疲力盡，傷痕纍纍卻不曾放棄。直到歲月在艱難中躑躅而行，蹉跎而逝，才驀然發現現實的殘酷是不允許我們有太多奢望，所謂的執著也不過是碰壁之後一份愚蠢的堅持。於是，我們開始反思，一個人注定不可能在太多領域有所建樹，要學以致用，要根據自己的實際，不能不顧外界因素和自身的條件而頭腦發熱，草率行事，要清楚追求的目的是什麼？為了心中那座最高的山，痛定思痛後我們依然要選擇適時放棄，放棄那些能力以外、精力不及的空想，放棄那些不切實際的目標，在惋惜之餘得到最大的解脫，同時發現幼稚的激情已被成熟和穩健所代替，生命因之日漸豐腴起來，誰說這樣的放棄不是一種明智？

執著地追求和達觀的生活態度從來就不是矛盾的。所謂「有所不為，才能有所為」、「退一步海闊天空」、「山窮水盡疑無路，柳暗花明又一村」這些都恰恰道出了前人在有限的生命裡面對無限的大千世界時的感悟。

捨得放棄，說到底是一個人真正屬於了自己，真正懂得了如何駕馭自己。

有所得必有所失

有一位登山運動員，在一次攀登珠穆朗瑪峰的活動中，在六千四百公尺的高度，他漸感體力不支，停了下來，與隊友打個招呼，就悠然下山去了。事後有人為他惋惜：為什麼不再堅持一下，再攀點高度，就可以跨過六千五百公尺的登山死亡線啦。他回答得很乾脆：「不，我最清楚，六千四百公尺的海拔，是我登山生涯的最高點，我一點都不感到遺憾。」

我不禁對他肅然起敬。現實中，我們往往不怕拔高自己，就怕自己的高度超越不過別人。其實，任何事情都存在突破口，但不是任何人都能找到並穿越突破口，抵達更高的層次。因此，學會停止，悠然下山去，至關重要。生命有自己的極限，超過這個極限可能就會遭到報復。學會停止，是對生命的尊重，尊重不就是一塊令人肅然起敬的碑嗎？

中國有句古話：有所為就有所不為。有所得，就必有所失。什麼都想得到，只能是生活中的侏儒。要想獲得某種超常的發揮，就必須揚棄許多東西。瞎子的耳朵最靈，因為眼睛看不見，他必須豎著耳朵聽，久而久之，耳朵功能達到了超常的功能。會計的心算能力最差，二加三也要用算盤打一遍，而擺地攤的則是速算專家。生活中也一樣，當你的某種功能充分發揮時，其他功能就可能退化。

世間行業千千萬萬，哪行做好了都能賺錢。每天都有企業垮台、破產，每天同樣也有新的企業誕生。經營任何一種行業的商人，你應經營你熟悉的主業，把它研究深、研究透，方能成為該行業的老大。

很多人都夢想能擁有一份好工作，這份工作最好是能帶來財富、名聲、地位，為人稱羨。但事實上，在激烈的市場競爭中，已經沒有哪一種工作是真正的熱門行業，無論何種工作，都無法提供完全的保障。如今整個社會對於「職業貴賤」的觀念愈來愈淡，那些過去被人視為「下等人」做的工作，現在反而更能鍛鍊人的本領，發揮出個人的潛力。西方國家的許多大學畢業生，一開始沒有多少是找相關科系的工作，很多人是從推銷員、收銀員乃至在餐廳工作起步，然後一步步走上新的崗位。比起「搶短線」的激進行為，在擇業中搞「長線投資」似乎更為理智、更具個性。

第八章
保持一種高貴的「平常心」

人生本就有榮辱相隨，名利是非也在所難免。倘若處處留心，時時在意，那就會活得很累，生活對於我們來說也就不會坦然，永遠都沒有歡笑。所以，保持一種高貴的「平常心」，讓一切順其自然，是人生必不可少的潤滑劑。

不要為名利是非昏了頭

人世間，總是交織著眾多的名名利利，是是非非，攪得身陷其中的我們，整日為名利是非所累，為金錢得失所煩。殊不知，所謂的名利是非，金錢得失均不過是人生浮雲，轉眼即逝。

從前有一個漁翁在夢中見到了上帝。

上帝問道：「你想和我交談嗎？」

漁翁說：「我很想和你交談，但不知道你是否有時間？」

上帝笑道：「我的時間是永恆的。你有什麼問題嗎？」

漁翁說：「你覺得人類最煩惱的是什麼？」

上帝答道：

「他們為名利而活，又為名利而煩。」

「他們犧牲自己的健康來換取金錢，然後又犧牲金錢來恢復健康。他們對未來充滿憂慮，但卻忘記了現在；於是，他們既不生活於現在之中，也不生活於未來之中。他們活著的時候好像從不會死去，但是死去以後又好像從未活過……」

上帝握住漁翁的手，他們沉默了片刻。

漁翁問道：「作為智者，你有什麼生活經驗想要告訴現在的人？」

上帝笑著回答道：

「金錢名利乃身外之物，要想活得輕鬆，就別將名利計心頭。

他們應該知道，一生中最有價值的不是擁有什麼東西，而是擁有健康的心態。

他們應該知道，與他人攀比是不好的。

他們應該知道，富有的人並不擁有最多，而是需要最少。

他們應該知道，要在所愛的人身上造成創傷只要幾秒鐘，但是治療創傷則要花幾年的時間，甚至更長。

他們應該學會寬恕別人。

他們應該知道，有些人在深深地愛著他們，但卻不知道如何表達自己的感情。

他們應該知道，金錢可以買到任何東西，但卻買不到幸福。

他們應該知道，兩個人看同一件事物，會看出不同的東西。

他們應該知道，得到別人寬恕是不夠的，他們也應當寬恕自己。

他們應該知道，我始終存在。

造物主在把那麼多美德賦予了人類的同時，也把名利、是非、金錢得失同時嵌入了人的身體。於是這些固有的心病便成了桎梏與羈絆，成了懸崖與深淵，它們將許許多多的人擋在了幸福的大門之外。」

雖然世人都知道名利只是身外之物，但是卻很少有人能夠躲過名利的陷阱，一生都在為名利所勞累、甚至為名利而生存。一個人如果不能淡泊名利，就無法保持心靈的純真。終生猶如夸父追日般看著光芒四射的朝陽，卻永遠追尋不到，到頭來只能得到疲累與無盡的挫折。其實靜心觀察這個物質世界，即使不去刻意追趕，陽光也仍舊會照耀在我們身上。

世界上最著名的大科學家愛因斯坦和居禮夫人，對大多數人所汲汲追求的名聲、富貴、或奢華都看得非常輕淡，也因此留下了無數的佳話。

儘管是國際知名的大科學家，愛因斯坦卻說，除了科學之外，沒有哪一件事物可以使他過分喜愛，而且他也不過分討厭哪一件事物。據說在一次旅行中，某艘船的船長為了優待愛因斯坦，特意讓出全船最精美的房間等候他，愛因斯坦竟然嚴辭拒絕了。他表示自己與他人並無差異，所以不願意接受這種特別優待。這種虛懷若谷、坦然率真的人品，成為許多人誠心敬佩的對象。

居禮夫婦在發現鐳之後，世界各地紛紛來信希望了解提煉的方法。居里先生平靜的說：「我們必須在兩種決定中選擇一種。一種是毫無保留的說明我們的研究成果，包括提煉方法在內。」居禮夫人作了一個贊成的手勢說：「是，當然如此。」居里先生繼續說：「第二個選擇是我們以鐳的所有者和發明者自居，但是我們必須先取得提煉鈾瀝青礦技術的專利執照，並且確定我們在世界各地造鐳業上應有的權利。」取得專利代表著他們能因此獲得巨額的金錢、舒適的生活，還可以傳給子女一大筆遺產。但是居禮夫人聽後卻堅定的說：「我們不能這麼做。如果這樣子做，就違背了我們原來從事科學研究的初衷。」她輕而易舉的放棄了這垂手可得的名利，如此淡泊名利的人生態度，使人們都能感受到她不平凡的氣度。居禮夫人一生獲得各種獎章十六枚，各種榮譽頭銜一百一十七個，自己卻絲毫不以為意。

有一天，她的一位女性朋友來她家做客，忽然看見她的小女兒正在玩弄英國皇家學會頒給她的一枚金質獎章，不禁大吃一驚，連忙問她：「居禮夫人，那枚獎章是你極高的榮譽，你怎麼能給孩子拿去玩呢？」居禮夫人笑了笑說：「我是想讓孩子從小就知道，榮譽就像玩具一樣，只能玩玩而已，絕不能永遠守著它，否則就將一事無成。」

兩位科學大師的非凡氣度為拚命追求名利的世人留下了一面明亮的鏡子。一個人如果擁有一顆純真的心靈，在自己應該做的事情之中盡了全力，他的成就自然而然就會顯現出來，他理所當然的可以得到應該得到的人世間的榮耀。

學會做金錢的主人

人生在世，沒有錢雖然寸步難行，但錢絕對不是萬能的。因為，它只可以滿足一定的物質欲望，而不能帶來真正的快樂。只有學會做它的主人，做到知足常樂，才能創造快樂。

俗話說：「人為財死，鳥為食亡。」錢財確實給人帶來了不少快樂，也給人帶來不少煩惱。記得有首歌的歌詞是：「錢啊！大女孩為你走錯了路，小夥子為你累彎了腰，錢啊！你是殺人不見血的刀。」

對於有些人來說，把錢財看得太重，自己無錢財時眼紅別人，不擇手段千方百計的得到錢財，自己有錢財時又非常吝嗇，親兄弟之間甚至於對父母也是分厘必爭，對這些人來說錢財不僅是煩惱，而且能使其喪命。當然不會給他們帶來快樂。

有一個有錢人，每天早上經過一個豆腐坊時，都能聽到屋裡傳出愉快的歌聲。這天，他忍不住走進豆腐坊，看到一對小夫妻正在辛勤勞作。富人惻隱之心大發，說：「你們這樣辛苦，只能唱歌消煩，我願意幫助你們，讓你們過上真正快樂的生活。」說完，放下了一大筆錢，送給小夫妻。這天夜裡，富人躺在床上想：「這對小夫妻不用再辛辛苦苦做豆腐了，他們的歌聲會更響亮的。」

第二天一早，富人又經過豆腐坊，卻沒有聽到小夫妻倆的歌聲。他想，他們可能激動得一夜沒睡好，今天要睡懶覺了。但第二天、第三天，還是沒有歌聲。富人感到非常奇怪。就在這時，那做豆腐的男主人出來了，拿著那些錢，一見富人便急忙說道：「先生，我正要去找你，還你的錢。」富人問：「為什麼？」年輕的豆腐師傅說：「沒有這些錢時，我們每天做豆腐賣，雖然辛苦，但心裡非常踏實。自從拿了這一大筆錢，我和妻子反而不知如何是好了——我們還要做豆腐嗎？不做豆腐，那我們的快樂在哪裡呢？如果還做豆腐，我們就能養活自己，要這麼多錢做什麼呢？放在屋裡，又怕它丟了；做大買賣，我們又沒有那個能力和興趣。所以還是還給你吧！」富人非常不理解，但還是收回了錢。第二天，當他再次經過豆腐坊時，聽到裡邊又傳出了小夫妻倆的歌聲。

也許這個故事並不符合現在許多人的思想。他們會說，錢多還不好麼？沒聽說過錢多會咬手的——但事實是，「錢多」的確會「咬你的手」。就像故事中的小夫妻一樣，就是因為「錢多」，所以思慮也多——又想多擁有錢，又擔心別人謀算他的錢——竟連個踏實覺也睡不成。

擁有更多的財富，是今日許許多多人的奮鬥目標。財富的多寡，也成為衡量一個人才幹和價值的尺度。當一個人被列入世界財富榜時，會引起多少人的豔羨。但對於個人來說，過多的財富是沒有多少用的，除非你是為了社會在創造財富，並把多餘的財富貢獻給了社會。但丁說：「擁有便是損失。」財富的擁有超過了個人所需的限度，那麼擁有越多，損失就越多。

英國思想家培根曾說過：「對於財富，我充其量只能把它叫做美德的累贅……財富之於美德，猶如輜重之於軍隊。輜重不可無，也不可留在後面，但它卻妨礙行軍。不僅如此，有時還因顧慮輜重，而丟掉勝利或妨礙勝利。」培根還指出：「巨大的財富若不分發出去，也就沒有真正的用處。」

現在不少人急於發大財，甚至不惜鋌而走險，以身試法，如製假販假，盜版走私，做毒品生意，甚至殺人越貨。他們完全成了金錢的奴隸，財富對他們如同絞索，他們越是貪求，絞索就勒得越緊。一個貪官說，他每當聽到街上警車鳴笛，就生怕是來抓他的，惶惶不可終日。這樣的不義之財再多，又有什麼「樂趣」呢？我們並不是一概排斥財富，我們厭惡和蔑視的是對個人財富的過分貪求，是以不正當手段聚斂財富。

以積極的心態追求財富，而以平常的心態對待財富。一個心態平和的人，不要追求顯赫的財富，而應追求你可以合法地獲得的財富，然後清醒地使用財富，愉快地施與財富，最後心滿意足地離開財富。

勝敗乃兵家常事

宋朝的文學大師蘇東坡有句詩叫：「勝固欣然敗亦喜」。因為才華橫溢的蘇大才子雖然琴詩書畫無所不精，但在圍棋一道上卻是個臭棋簍子。更尷尬的是，他偏偏獨好此道，真是屢戰屢敗，屢敗屢戰，蘇大學士就用這句詩來表明自己的心態，後人讚他胸襟寬博，不以勝負縈懷。

「勝固欣然敗亦喜」，說的是那一場屬於君子們的不散盛宴——圍棋。在中國的傳統歷史上，圍棋多半是閒時消遣，三兩好友拾子對弈，幾盤下來，談笑間時光匆匆而過，「勝固欣然敗亦喜」，棋士們追求更多的往往只是一種心境的昇華和心靈的養成，也因此在傳說中仙人常以棋會友，王樵爛柯，積薪逢仙，留給後世。留給後世的大多是美麗的傳說。這是何等崇高的一種境界？古人有喜歡圍棋者，左手和右手對下，最後是勝固欣然，敗亦喜。我們正應該是這種精神的繼承者。

人生一世難免成敗，做一個人不僅要能贏得起，同時也應輸得起。因為勝敗實乃兵家常事，也是人生常事。能以客觀、平常心去看待這種勝負，不那麼計較成敗，便可在糊塗時，擁有良好的心情。才不至於在勝利時沖昏頭腦，在失敗時，耿耿於懷，一蹶不振。

一支登山隊在攀登一座雪山。這是一座分外險峻的山峰，稍有不慎，他們就會從上面跌落下去，將會粉身碎骨。突然，隊長一腳踩空，向下墜落了。

當時他想發出一聲臨死前的悲呼，然而，只要他一出聲，肯定就會有人受到驚嚇，攀爬不穩，再掉下去！當時他死死的咬緊牙關，強忍著不發出一點聲音來。

就這樣他無聲無息地掉進了萬丈深淵裡。只有一個隊員親眼目睹了這一慘烈的場面。原本他是可以發出一聲驚叫的，但是多年的經驗讓他明白了，驚叫一聲不僅不能救回隊長，而且還會驚嚇到其他隊員，將會給全隊帶來更大的災害。他像沒事人一樣繼續向上攀登，每登一步，眼淚都會掉下來，打在雪上，登頂後大家才發覺隊長不在了，最後他把事情的真相說了出來。大家沉默無言。

這是世界上最優秀的一支登山隊，因為它的隊員能夠坦然面對自己的死亡，也能坦然面對朋友的死亡。他們不僅登上了自然的高峰，也登上了人性的高峰。

曾經看到那些假日垂釣者，一早出門，直到夕陽西下拎著空空的魚笠回家，他們依然是一路歡歌。讓人不禁感到驚訝，付出了一天的時間卻一無所獲，怎麼還能快樂滿懷呢？很容易看出，給我們的答案是：「我雖然釣不上魚，卻釣上來一天的快樂。」

其實，這個垂釣者給我們的啟示是：許多事情的得失或者成敗都是我們不可能預料到的，但只要我們以樂觀的心態去面對就足夠了。

錢不是唯一的追求

不可否認，千百年來，金錢在每個人的一生中，都起著非常重要的作用，它早就滲透了人們衣、食、住、行的各個方面。在有的人眼裡，只要有了錢，就會有一切，他們認為金錢是萬能的，有了錢就必然會有幸福。然而，對於人生來說，我們還有比它更為重要的，譬如健康、平安、友情、親情、愛情等。

富勒是美國的一個大富翁，他年輕時，特別渴望擁有巨大的財富，他也一直在為夢想奮鬥，這就是從零開始，而後積累大量的財富和資產。到三十歲時，富勒已掙到了百萬美元，他雄心勃勃想成為千萬富翁，而且他也有這個能力。他擁有一幢豪宅，一間湖上小木屋，兩千英畝地產，以及快艇和豪華汽車。

有了財富但問題也來了：他工作得很辛苦，常感到胸痛，而且他也因為工作太忙而疏遠了妻子和兩個孩子。雖然他的財富在不斷增加，他的婚姻和家庭卻岌岌可危。

一天在辦公室，富勒心臟病突發，而他的妻子在這之前剛剛宣布打算離開他。他突然開始意識到自己對財富的追求已經耗費了所有他真正應該珍惜的東西：他打電話給妻子，要求見一面。當他們見面時，兩個人熱淚滾滾。他們決定消除掉破壞他們生活的東西——他的生意和物質財富。

他們賣掉了所有的財產，包括公司、房子、遊艇，然後把所得收入捐給了教堂、學校和慈善機構。他的朋友都認為他瘋了，但富勒從沒感到比這更清醒的時候。接下來，富勒和妻子開始投身於一項偉大的事業——為美國和世界其他地方無家可歸的貧民修建「人類家園」。他們的想法非常單純：「每個在晚上睏乏的人至少應該有一個簡單而體面，並且能支付得起的地方，用來休息。」美國前總統卡特夫婦也熱情地支持他們，穿上工裝褲來為「人類家園」勞動。富勒曾有的目標是擁有一千萬美元家產，而現在，他的目標是為一千萬人，甚至為更多人建設家園。

目前，人類家園已在全世界建造了六萬多套房子，為超過三十萬人提供了住房。富勒曾為財富所困，幾乎成為財富的奴隸，差點兒被財富奪走他的妻子和健康；而現在，他卻成了財富的主人，他和妻子自願放棄了自己的財產，而去為人類的幸福工作，他自認是世界上最富有的人。

現代社會，很多人都把賺錢當作了生命中最重要的事。他們努力工作、拚命賺錢，不惜透支身體健康，不惜犧牲和家人在一起的時間，不惜犧牲對孩子的關愛。對一個人來說金錢真是生活中最重要的事嗎？不，生活中有更重要的事需要我們投入時間和精力，金錢永遠不應該被排在首位。

一位父親下班回到家已經很晚了，又累又煩，這時他發現五歲的兒子站在門口等他。

「我可以問你一個問題嗎？」

「什麼問題？」

「爸爸，你一小時可以賺多少錢？」

「這與你無關，你為什麼問這個問題？」父親生氣地說。

「我只是想知道。請告訴我，你一小時賺多少錢？」小孩哀求。

「假如你一定要知道的話，我一小時賺二十美元。」

「喔，」小孩低下了頭，接著又說，「爸，可以借我十美元嗎？」

父親發怒了：「如果你只是要借錢去買玩具的話，那就給我回房間上床。好好想想為什麼你會那麼自私。我每天長時間辛苦工作，沒時間和你玩小孩子的遊戲。」

小孩安靜地回自己房間並關上門。父親坐下來還在生氣。過了一會兒，他平靜下來，想著他可能對孩子太凶了，或許孩子真的很想買什麼東西，再說他平時很少要過錢。

父親走進小孩的房間：「你睡了嗎，孩子？」

「爸爸，還沒，我還醒著。」小孩回答。

「我剛才可能對你太凶了，」父親說，「我不該發脾氣——這是你要的十美元。」

「爸爸，謝謝你。」小孩歡叫著從枕頭下拿出一些被弄皺的妙票，高興地數著。

「為什麼你已經有錢了還要？」父親生氣地問。

「因為在這之前不夠，但我現在足夠了。」小孩說，「爸爸，我現在有二十美元了，我可以向你買一個小時的時間嗎？明天請早一點回家——我想和你一起吃晚餐。」

許多人往往會誤將金錢當成了唯一的幸福去追求。確實，有了錢就可以有許多東西，就能建立一個在物質上比較富裕的家庭，也就能過較為舒適的物質生活。但是，一個人即使有很多錢，但他的精神世界如果是空虛的，或者生活並不自由，那麼就絕不會有幸福，有時甚至是痛苦的。因為人的一生中，還有更多比金錢更為重要的東西。

不要被名利束縛住

造物主在把那麼多美德賦予了人類的同時，也把名利、是非、金錢得失同時嵌入了人的身體。於是這些固有的心病便成了桎梏與羈絆，成了懸崖與深淵，它們將許許多多的人擋在了幸福的大門之外。」

人的一生常被名利所束縛。名利對於人，實用的少，更多的是一種心理上的安慰，一種對自己的價值的確認。因此，名利只不過是一個人所掙得的自己的身價而已，人總是透過名利來標明自己價值的高低。沒有了名利，人自己常常也會對自己的價值產生懷疑，對自己在世上的價值失去信心。因此，為追求名利，很多人都不惜終身求索，使名利的繩索最後變成了人生的絞索，斷送了人生所有的快樂與歡笑。

唐朝郭子儀爵封汾陽王，汾陽王府自落成後，每天都是府門大開，任憑人們自由進進出出，而郭子儀不允許其府中的人對此加以干涉。有一天，郭子儀帳下的一名將官要調到外地任職，來王府辭行。他知道郭子儀府中自無禁忌，就一直走進了內宅。恰巧，他看見郭子儀的夫人和他的愛女正在梳妝打扮，而王爺郭子儀正在一旁侍奉她們，她們一會兒要王爺遞手巾，一會兒要他去端水，使喚王爺就好像奴僕一樣。這位將官當時不敢譏笑郭子儀，回家後，他禁不住講給他的家人聽，於是一傳十，十傳百，沒幾天，整個京城的人們都把這件事當成笑話來談論。郭子儀聽了沒有什麼，他的幾個兒子聽了倒覺得大丟王爺的面子。他們決定對他們的父親提出建議。他們相約一齊來找父親，要他下令，像別的王府一樣，關起大門，不讓閒雜人等出入。郭子儀聽了哈哈一笑，幾個兒子哭著跪下來求他，一個兒子說：「父王您功業顯赫普天下的人都尊敬您，可是您自己卻不尊重自己，不管什麼人，您都讓他們隨意進入內宅。孩兒們認為，即使商朝的賢相伊尹、漢朝的大將霍光也無法做到您這樣。」

郭子儀聽了這些話，收斂了笑容，對他的兒子們語重心長地說：「我敞開府門，任人進出，不是為了追求浮名虛譽，而是為了自保，為了保全我們全家人的性命。」

兒子們感到十分驚訝，忙問這其中的道理。郭子儀嘆了一口氣，說道：「你們光看到郭家顯赫的聲勢，而沒有看到這聲勢有失去的危險。我爵封汾陽王，往前走，再沒有更大的富貴可求了。月盈而蝕，盛極而衰，這是必然的道理。所以，人們常說要急流勇退。可是眼下朝廷尚要用我，怎肯讓我歸隱；再說，即使歸隱，也找不到一塊兒能夠容納我郭府一千餘口人的隱居地呀。可以說，我現在是進不得也退不得。在這種情況下，如果我們緊閉大門，不與外面來往，只要有一個人與我郭家結下仇怨，誣陷我們對朝廷懷有二心，就必然會有專門落井下石、妨害賢能的小人從中添油加醋，製造冤案，那時，我們郭家的九族老小都要死無葬身之地了。」郭子儀所以讓府門敞開，是因為他深知官場的險惡，正因為他具有很高的政治眼光又有一定的德性修養，善於忍受各種複雜的政治環境，必要時犧牲掉局部利益，確保了全家安樂。

淡泊名利、無求而自得才是一個人走向成功的起點。促使人追求進取的是金錢名利，阻礙人向前邁進的是金錢名利，使人墜入萬丈深淵的也是金錢名利。所以，人生在世，千萬不要把金錢名利看得太重，方能超然物外，活得輕鬆快樂。

保持平常心最重要

人生的許多煩惱都源於得與失的矛盾。如果單純就事論事來講，得就是得到，失就是失去，兩者涇渭分明，水火不容。但是，從人的生活整體而言，得與失又是相互聯繫、密不可分的，甚至在一定程度上，我們可以將其視為同一件事情。我們不認真想一想，在生活中有什麼事情純粹是利，有什麼東西全然是弊？顯然沒有。所以，智者都曉得，天下之事，有得必有失，有失必有得。

人生雖短，為了不虛度光陰，使生命盡可能的卓越，我們的確應該追求得到，努力用智慧和汗水創造業績。然而，我們也應該正確看待失去，學會忍受失去。為了成就一番事業，有時不得不失去一些感官的享受；為了更好地實現自己的主要人生目標，有時不得不「丟卒保車」；尤其是為了不玷汙自己的人格，有時不得不失去一些利益，比如金錢——那種只要出賣良心或者尊嚴就能得到的金錢。

一日，一位外國人在輪船的甲板上看報紙，突然之間，一陣大風颳來，把他頭上一頂新帽子刮進了大海。這位先生摸了摸自己的腦袋，看看正在飄入海中的帽子，又繼續看起報紙來。

「先生，您的帽子被刮入大海了！」

「哦，知道了，謝謝！」說完他繼續看報紙。

「你……怎麼不……」

「我為什麼非要感嘆一遍呢？」

「可那帽子值幾十美元呢！」

「是的，我正在考慮如何省錢再買一頂呢！我很心疼，但我能讓它飛回來嗎？」

人們不能不佩服這位先生的豁達和瀟灑：失去的已經失去了，何必為此而煩惱傷心或者耿耿於懷呢？

坦然的面對失去，這就要及時地調整心態，首先就要面對事實，承認失去，不能總沉湎於已經承認失去，不能總沉湎於已經不存在的東西之中。得到和失去其實是相對的。為了得到，需要失去，因為失去一些，可能意想不到地得到了另一些。民間安慰丟東西的人總是說，「舊的不去新的不來。」事實正是如此。與其為了失去而懊惱，不如全力爭取新的得到。應該明白的是，有時失去並非一定是損失，而是放棄、奉獻，是大步躍進的前奏或者序曲，這樣的失去，不也了事嗎？

坦然的去面對人生中的得失，不是像有些人那樣自我姑息，也不是像某些人那樣「看破紅塵」，碌碌無為地生活。坦然的面對失去，就是胸襟更豁達一些，眼光更長遠一些，經常為自己整整枝，打打杈，排除那些不必要的留念與顧盼，以便集中精力於人生的主要追求。如此一來，大而言之，有益於社會；小而言之，有益於自己。

山姆是一個畫家，而且是一個很不錯的畫家。他畫快樂的世界，因為他自己就是一個很快樂的人。不過沒人買他的畫，因此他想起來會有些傷感，但只是一會兒時間。

「玩玩足球樂透吧！」他的朋友勸他，「只花二美元就可以贏很多錢。」

於是山姆花二美元買了一張樂透，並真的中了彩！他嫌了五百萬美元。

「你瞧！」他的朋友對他說，「你多走運啊！現在你還經常畫畫嗎？」

「我現在就只畫支票上的數字！」山姆笑道。

山姆買了一幢別墅並對它進行一番裝飾。他很有品位，買了很多東西：阿富汗地毯，維也納櫃櫥，佛羅倫薩小桌，邁森瓷器，還有古老的威尼斯吊燈。

山姆很滿足地坐下來，他點燃一支香菸，靜靜地享受著他的幸福，突然他感到很孤單，便想去看看朋友。他把菸蒂往地上一扔——在原來那個石頭畫室裡他經常這樣做——然後他出去了。

燃著的香菸靜靜地躺在地上，躺在華麗的阿富汗地毯上……一個小時後，別墅化為火海，它被完全燒燬了。

朋友們很快知道了這個消息，他們都來安慰山姆。「山姆，真是不幸啊！」他們說。

「怎麼不幸啊？」他問道。

「損失啊！山姆你現在什麼都沒有了。」朋友們說。

「什麼呀？不過是損失了二美元。」山姆答道。

在人生的漫長歲月中，每個人都會面臨無數次的選擇，這些選擇可能會使我們的生活充滿無盡的煩惱和難題，使我們不斷地失去一些我們不想失去的東西，但同樣是這些選擇卻又讓我們在不斷地獲得，我們失去的，也許永遠無法補償，但是我們得到的卻是別人無法體會到的、獨特的人生。因此，面對得與失、順與逆、成與敗、榮與辱，要坦然待之，凡事重要的是過程，對結果要順其自然，不必斤斤計較，耿耿於懷。否則只會讓自己活得很累。

人之一生，苦也罷，樂也罷，得也罷，失也罷，要緊的是心間的一泓清潭裡不能沒有月輝。哲學家培根說過：「歷史使人明智，詩歌使人靈秀。」頂上的松陰，足下的流泉以及坐下的磐石，何曾因寵辱得失而拋卻自在？又何曾因風霜雨雪而易移萎縮？它們踏實無為，不變心性，方才有了千年的閱歷，萬年的長久，也才有了詩人的神韻和學者的品性。終南山翠華池邊的蒼松，黃帝陵下的漢武帝手植柏樹，這些木中的祖宗，旱天雷摧折過它們的骨幹，三九冰凍裂過它們的樹皮，甚至它們還捱過野樵頑童的斧鑿和毛蟲鳥雀的嗞啄，然而它們全然無言地忍受了，它們默默地自我修復、自我完善。到頭來，這風霜雨雪，這刀斧蟲雀，通通化做了其根下營養自身的泥土和涵育情操的「胎盤」。這是何等的氣度和胸襟？相形之下，那些不惜以自己的尊嚴和人格與金錢地位、功名利祿作交換，最終腰纏萬貫、飛黃騰達的小人的蠅營狗苟算得了什麼？且讓他暫時得逞又能怎樣？

人生中，得與失，常常發生在一閃念間。到底要得到什麼？到底會失去什麼？仁者見仁，智者見智。不可否認的是，人應該隨時調整自己的生命點，該得的，不要錯過；該失的，灑脫地放棄。

學會糊塗，一切順其自然

古語說：「寵辱不驚，看庭前花開花落；去留無意，望天上雲卷雲舒。」這僅有的二十二個字，創造的是一種悠遠美妙的意境，道出的卻是處世時難得的開闊心境。人生本就有榮辱相隨，悲歡離合亦在所難免。倘若處處留心，時時在意，那豈不是與黛玉同命？因此，雖為紅塵人，卻須讓自己有一份超凡心，糊塗心。讓一切順其自然，寵辱不驚，去留無意。

人生無坦途，在漫長的道路上，誰都難免會遇上厄運和不幸。人類科學史上的巨人愛因斯坦，在報考瑞士聯邦工藝學校時，竟因三科不及格落榜，被人恥笑為「低能兒。」小澤征爾這位被譽為「東方卡拉揚」的日本著名指揮家，在初出茅廬的一次指揮演出中，曾被中途「轟」下場來，緊接著又被解聘。為什麼厄運沒有摧垮他們？因為在他們眼裡始終把榮辱看作是人生的軌跡，是人生的一種磨練，假如他們對當時的厄運和恥笑，不能泰然處之，也許就沒有日後絢麗多彩的人生。

許多年前，美國有個叫菲爾德的實業家，他率領工程人員，要用海底電纜把歐美兩個大陸連接起來。為此，他成為美國當時最受尊敬的人，被譽為「兩個世界的統一者。」在舉行盛大的接通典禮上，剛被接通的電纜傳送信號突然中斷，人們的歡呼聲立刻變為憤怒的狂濤，都罵他是

「騙子」、「白痴」。可是菲爾德對於這些毀譽只是淡淡地一笑，不作解釋，只管埋頭苦幹，經過多年的努力，最終透過海底電纜架起了歐美大陸之橋，在慶典會上，他沒上貴賓臺，只遠遠地站在人群中觀看。

菲爾德不僅是「兩個世界的統一者」，而且是一個理性的戰勝者，當他遭遇到常人難以忍受的厄運時，透過自我心理調節，作出正確的抉擇，從而在實際行為上顯示出強烈的意志力和自持力，這就是一種理性的自我完善。

世上有許多事情的確是難以預料的，成功伴著失敗，失敗伴著成功，人生本來就是失敗與成功的統一體。人的一生，有如簇簇繁花，既有火紅耀眼之時，也有黯淡蕭條之日，面對成功或榮譽，要像菲爾德那樣，不要狂喜，也不要盛氣凌人，而是要把功名利祿看輕些，看淡些；面對挫折或失敗，要像愛因斯坦、小澤征爾那樣，不要憂悲，也不要自暴自棄，而是要把厄運羞辱看遠些，看開些。

做人有時就必須糊塗一點，這種糊塗不僅僅是在受辱時要糊塗一點。同時在受寵時也該糊塗一點。因為，無論寵辱，都有盡時，看得太重反而會成為一種負累。

日本有一位白隱禪師，他的故事在世界各地廣為流傳。故事講的是：有一對夫婦，在住處的附近開了一家食品店，家裡有一個漂亮的女兒。無意間，夫婦倆發現女兒的肚子無緣無故地大起來，女兒做了這種見不得人的事，讓她的父母異常震怒；在父母的一再逼問下，她終於吞吞吐吐地說出「白隱」兩個字。

她的父母怒不可遏地去找白隱理論，但這位大師對此不置可否，只若無其事地答道：「就是這樣嗎？」孩子生下來就被送給白隱。此時，他雖已名譽掃地，但他卻並不以為然，只是非常細心地照顧孩子——他向鄰居乞求嬰兒所需的奶水和其他用品，雖不免橫遭白眼，冷嘲熱諷，但他總是能處之泰然，彷彿他是受託撫育別人的孩子一樣。

事隔一年之後，這位未婚的媽媽，終於不忍心再欺瞞下去了。她老老實實地向父母吐露真情：孩子的生父是一個賣魚的青年。她的父母立即讓她到白隱那裡道歉，請求原諒，並將孩子帶回。白隱仍然是淡然如水，他只是在交回孩子的時候，輕聲說道：「就是這樣嗎？」彷彿不曾有什麼事發生過；即使有，也只像微風吹過耳畔，瞬時即逝。

白隱為了給鄰居的女兒以生存的機會和空間，代人受過，犧牲了為自己洗刷清白的機會，雖然受到人們的冷嘲熱諷，但是他始終處之泰然，「就是這樣嗎？」這平平淡淡的一句話，就是對「寵辱不驚」最好的解釋，如果白隱當初不能糊塗地對待受辱，事情的結果就可能成為另一種樣子。

讓功名利祿隨風而去

通常，我們都羡慕在天空中自由自在飛翔的鳥兒。其實人也該像鳥兒一樣的，歡呼於枝頭，跳躍於林間，與清風嬉戲，與明月相伴，飲山泉，覓草蟲，無拘無束，無羈無絆。這才是鳥兒應有的生活，才是人類應有的生活。然而，這世上終還有一些鳥兒，因為忍受不了饑餓、乾渴、孤獨乃至於「愛情」的誘惑，從而成為籠中鳥，永永遠遠地失去了自由，成為人類的玩物。與人類相比，鳥兒面對的誘惑要簡單得多。而人類，卻要面對來自紅塵之中的種種誘惑，金錢、名利、權勢等。於是，人們往往在這些誘惑中迷失了自己，從而跌入了欲望的深淵，把自己裝入了一個打造精緻的所謂「功名利祿」的金絲籠裡。

春秋末年，越國與吳國結仇，吳王夫差日夜操練兵馬準備攻越，越王勾踐想先發制人去伐吳。范蠡就勸阻勾踐說：「大王不能這麼做，我聽說兵器是不吉利的東西，戰爭是違背道德的，爭鬥是各種事情中最末等的事，違背道德，好用凶器，干戈等之事，老天爺也是不贊成的，所以無故起兵是不利的。」但是勾踐不聽勸告，於是吳越兩軍交戰，結果越軍大敗，越王勾踐被吳軍包圍。這時，勾踐悔之莫及，就向范蠡請求救國之策。因此，范蠡就建議勾踐派人去給吳王送厚禮，並向他們求和。於是，勾踐就派文種去向吳王求和。

文種多次求見，吳王夫差才同意勾踐的請求，撤兵回國，但要把勾踐夫婦帶回吳國做臣子並伺候自己。勾踐把國家大事托給大夫文種，自己帶上夫人和范蠡到吳國去做人質。到了吳國，夫差讓他們住在先王墳墓旁的石頭屋裡，為吳王養馬。吳王每次出去，都要勾踐為其拉馬。范蠡就更苦了，他在人前與勾踐一起伺候吳王，在人後還要伺候勾踐，還得不斷活動，給人送禮，觀察形勢，勾踐有時忍不住了，范蠡還得安撫他，以免前功盡棄。這樣過了三年，吳王夫差認為勾踐真的臣服自己了，於是就把他們放回越國。

勾踐回到越國後，為了能使自己牢記亡國的恥辱，不在臥室內鋪放錦繡被縟，只鋪上柴草，還在屋裡掛一個苦膽，每次吃飯之前，都要嘗一嘗膽的苦味。勾踐覺得范蠡的才能和忠誠都可信任，就打算把國政交給他，范蠡卻說：「操練兵馬、行軍打仗，文種不如我；治理國家、安撫百姓，我不如文種。」於是勾踐就把國家政事交給文種，讓范蠡負責操練兵馬。

後來范蠡在苧蘿山上找到一個名叫西施的美女，說服她為國捨身。范蠡親自把西施送往吳國，夫差一見馬上就被迷住，日夜與西施在姑蘇臺上作樂。西施牢記范蠡的囑託，總在夫差面前說越國好話，於是夫差就放鬆了對勾踐的警惕。從此，越王勾踐禮賢下士，在范蠡、文種兩人的齊心輔佐下，經過十年艱苦奮鬥，使得越國實力逐漸強盛了，並做好向吳國復仇的準備。

周敬王三十八年（西元前四八二年），越國出兵打敗了吳國，從此不再向吳國稱臣進貢。五年之後，即周敬王四十二年（西元前四七八年），越軍攻到姑蘇城下，圍城三年，終於徹底打敗吳軍，夫差自殺。然後勾踐率越軍橫行於江淮一帶，成了霸主。

後來越王勾踐論功行賞，范蠡作為一個從始至終輔佐勾踐完成霸業的有功之臣，官超上將軍。然而他卻不戀虛名，不圖富貴。作為大臣，他輔佐主公完成了大業，圓滿地完成了自己一生的事業。

功德圓滿之後，范蠡要開闢自己新的生活。於是，他給勾踐留下了一封信，信中他告訴越王勾踐：「當年主公受辱於會稽山，主辱臣死。現在天下已定，請主公給臣下降罪處死。」之後，范蠡乘船不辭而別，永遠地離開了越國。在走的時候，范蠡沒有忘記老朋友文種，也給他留下一信，說明鳥盡弓藏的道理，並勸他也遠走高飛。但是文種並沒有聽從范蠡的勸告，終於被勾踐逼得自殺了。

范蠡泛海北上來到齊國，更名換姓為夷子皮。他帶領兒子們不問政事，只經營生產，沒有多久，家產多達千萬。齊國國王聽說他有如此才能，叫他當宰相。他嘆息道：「居家則致千金，居官則致卿相，引布衣之極也。久受尊名，不祥。」於是他又交還相印，散發資財，只帶親屬和少量珠寶，離開了齊都，躲到陶這塊地方，從此改名為陶朱公。

范蠡在陶居住了十九年，曾經「三致千金」，就是散了又掙、掙了又散三次，成為天下首富。後來他又離開了陶地，只帶著西施浪跡太湖，過著無拘無束的生活。

名利財貨，聲色犬馬，這一切令人心迷神醉，永無止境地追逐，結果使人身體精神兩受疲累。范蠡助越滅吳後，他的個人成就已臻至頂峰，此時抽身引退，棄政從商。之後，又千金散盡，隱居江湖，不被外物所矇蔽，實在生活得愜意自如。

范蠡深知勾踐的性情，可共患難不可共榮華的小人性情。因此，他果斷地拋棄功名利祿，及時退出激流險灘。

在滾滾紅塵中，能夠懷著一顆平和心，擋住各種誘惑；在漫長人生中，能夠做一件平常事，學會放棄許多，當一個平凡人，簡簡單單生活。能夠做到這些，你還會有什麼煩惱呢？又怎麼能不快樂呢？

學會生活，學會享受

平凡的人生才是幸福的人生，靜靜地生活，靜靜地享受，用不著去承受大喜大憂，也用不著承受大富大貧，只可惜世人們都不知道去珍惜自己現在擁有的平凡生活，為名利終日忙碌，四處奔波，他們所獲得的快樂並不是真正的快樂，而所產生的憂愁卻是真正的憂愁，從這一點講，生活清貧而不受精神之苦，行為相對自由灑脫而不受傾軋逢迎之累是值得羨慕的，安貧樂道未嘗不好。

人在寧靜之中心緒像秋水一樣清澈，可以見到心性的本來面貌。在安閒中氣度從容不迫，可以認識心性的本原之所在。在淡泊中意念情趣謙和愉悅，可以得到心性的真正體味。

《小窗幽記》中有這樣一段話：

「清閒無事，坐臥隨心，雖粗衣淡飯，但覺一塵不淡；憂患纏身，繁擾奔忙，雖錦衣厚味，亦覺萬狀苦愁。」這段話所說的是，人生要有一種寧靜致遠的追求。清閒自在，喜歡坐就坐，喜歡躺就躺，隨心所欲，在這種狀態下，雖然穿的是粗衣，吃的是淡飯，但仍然會覺得心情有平靜，不會為一些日常凡俗之事而牽掛；相反，那些患得患失、憂患和煩惱纏身的人，成天奔忙著一些煩憂之事，這些人雖然穿的是華麗的衣服，吃的是山珍海味，也會覺得心中痛苦萬狀。

清閒自在，坐臥隨心，也就是「清心」。從心理學上說，清心就是一種沒有「心機」的心理狀態。它是與「有心」的生活態度相對的。清心就是不動情緒，不執著，恬淡而自得，根據自己的本真去待人處事。

因此，清心從一定意義上說，又是一種生活之道。如果用老子所說的「失道而後德，失德而後仁，失仁而後義」的觀點來衡量，清心的人格層次遠在德、仁、義之上。它是人生修煉達到神聖功化以後，在生活之道上的反映。清心中孕育著童真，清心中孕育著活力，清心中孕育著快樂。

《菜根譚》云：「此身常放在閒處，榮辱得失誰能差遣我；此心常安在靜中，是非利害誰能瞞昧我。」意思是說，只要自己的身心處於安閒的環境中，對榮華富貴與成敗得失就不會在意；只要自己的心靈保持安寧和平靜，人世的是非與曲直都不能瞞過你。

老子主張「無知無慾」，「為無為，則無不治」。世人也常把「無為」掛在嘴邊，實際上是做不到的。但一個人處在忙碌之時，置身功名富貴之中，的確需要靜下心來修省一番，閒下身子安逸一下。這時如果能達到佛家所謂「六根靜淨、四大皆空」的境界，就會把人間的榮辱得失、是非利害視同烏有。這利於幫助自我調節，防止陷入功名富貴的迷潭。

國學大師林語堂曾經講過這樣一個故事：

有一對年輕的美國夫婦，利用假期出外旅遊。他們從紐約南行，來到一處幽靜的丘陵地帶，發現在這人煙稀少的小山旁邊，有一個小木屋。

夫妻二人走到小木屋前，看見門前坐著一位老人。年輕丈夫上前一步問道：

「老人家，你住在這人跡罕至的地方不覺得孤單嗎？」

「你說孤單？不！絕不孤單！」老人回答道。停頓了一會，老人接著說：

「我凝望那邊的青山時，青山給予我力量；我凝望山谷時，那一片片植物的葉子，包藏著生命的無數祕密；我凝望藍色的天空，看見那雲彩變化成各式各樣的城堡；我聽到溪水的淙淙聲，就像有人在向我作心靈的傾訴；我的狗把頭靠在我的膝上，我從它的眼神裡看到了純樸的忠誠。每當夕陽西下的時候，我看見孩子們回到家中，儘管他們的衣服很髒，頭髮也是蓬亂的，但是，他們的嘴唇上卻掛著微笑；此時，當孩子們親切地叫我一聲『爸爸』，我的心就會像喝了甘泉一樣甜美。當我閉目養神的時候，我會覺得有一雙溫柔的手放在我的肩頭，那是我太太的手；碰到困難和憂愁的時候，這雙手總是支持著我。我知道，上帝總是仁慈的。」

老人見年輕夫婦沒有作聲，於是，又強調了一句：「你說孤單？不，不孤單！」

這位老人的生活看起來是平淡的。然而，在我們這個世界上，每個人都可以說是凡夫俗子，他們總期盼著過一些平淡的日子。平淡，不是沒有欲望。屬於我的，自然要取；不屬於我，即使是千金、萬金也不為其動。這就是平淡。定於平淡的生活，並能以平淡的態度對待生活中的繁華和誘惑，讓自己的靈魂安然自處，這樣的人，於自己，就像雲彩一樣的飄逸；於他人，就像湖泊一樣的寧靜。這就是一種清心的境界。

其實，這位老人正是達到了清心的境界，因此，他能清閒自在、坐臥隨心，從平凡的生活之中，體悟到了生活的情趣，領略到了生活的快樂。

嚮往逍遙自在的生活是每個人的天性，但真能做到這樣卻很困難。生活中的自由是有條件的，如果能盡量減少欲望、淡泊名利，心胸豁達，即使做不到心靜如水，但也能給自己增添一份灑脫，給人生增添一份真趣。

知足者才是真正的富有

人如果想活得快樂些，就必須學會知足常樂，在現實條件許可的範圍內，充分享受生活，而不為得不到的而苦惱。這才是適宜的人生觀。

孟子道：「養心莫善於寡慾：其為人也寡慾，雖有不存焉寡矣；其為人也多欲，雖有存焉寡矣。」面對難填的欲壑，我們應盡量享受已有的。這樣生活就會是真實的，富有質感的。一年三百六十日，日日太陽就會是常新的。

欲望的滿足不是滿足，而是一種自我放逐，欲望會帶來更多更大的欲望。如果我們為欲望所左右，為欲望的不能滿足而受煎熬，那麼人生還有什麼滋味？因此請你務必謹記：

貪婪者雖富亦貧，知足者雖貧亦富。「知足者常樂」曾經是許多人津津樂道的人生哲學。有的人結廬於山間，一畝薄田，一壺清茶，一盤檀香，一張古琴，悠閒自在，自得其樂。比如陶淵明悄然遁世，隱匿南山；比如孟浩然廝守農舍，歸隱田園。在那平凡的雞鳴犬吠中，在那「把酒話桑麻」的笑談中，他們知足了，也擁有了不足為外人所道的樂趣。

曾經在《讀者》裡看到這樣一篇文章：一位小商販不熟悉經濟學，向來都是把一頁頁的欠條隨手一塞。別人還錢也好不還也罷，他從不追究。這位商販的兒子是一個經濟學家，就勸他管好帳目。可這位商販卻說：「我是不懂管帳，我父親死得早，僅僅給我留下了一條爛褲子。在我的眼裡，除了一條爛褲子，剩下都是我的利潤。」這個商販正是知足常樂的代表，他沒有刻意地去追求暴利，而是本著一種灑脫、平和的心態，對待自己的事業和擁有的財物，或許，這種心態對他的生意帶來的更多的是裨益。

能真正適可而止地知足的人，往往能得到很多意想不到的快樂。

第九章 給心靈洗個澡，輕輕鬆鬆過一生

隨著歲月的漂浮，人的心靈也會積滿各種各樣的「垃圾」，只有定期打掃和洗滌自己的思想，清除心理的垃圾，給心靈洗個澡，才不至於使思想和心靈積滿灰塵，才能更好地工作和生活，才能更好地享受工作的快樂和生活的幸福。

把心裡的垃圾全部帶走

美國哈佛大學校長講了一段自己親身經歷的故事。

有一天，校長向學校請了三個月假，然後告訴自己的家人：不要問我去什麼地方，去幹什麼，我每個星期都會給家裡打來電話，報個平安。校長隻身一人去了美國南部的農村，嘗試著過另一種所謂的幸福生活。在農村，他到農場去工作，去飯店刷盤子。在田地做工時，連抽支菸或跟工友說句話都得偷偷地做。最讓他難忘的是，最後他在一家餐廳找到一份刷盤子的工作，只做了四個小時，老闆就把他叫來結帳，並對他說：「可憐的老頭，你儘管很努力，可是刷盤子太慢了，你被解僱了。」被解僱後，他又重新回到了哈佛。回到了自己熟悉的工作環境後，覺得以往單調乏味的東西一下子變得新鮮有趣起來，工作成了一種全新的享受。這三個月的經歷，像一個淘氣的孩子搞了一次惡作劇一樣，但他卻真切地體驗到另一種生活的不易。更重要的是，這次經歷一下子清除了原來在心中積攢多年的「垃圾」。

是的，一個人無論做什麼工作，隨著歲月塵霾的漂浮，心靈裡也會積滿各種各樣的「垃圾」，只有定期打掃和洗滌自己的思想，清除心靈裡的垃圾，才不至於使思想和心靈積滿灰塵，才能更好地工作和生活，才能更好地享受工作的快樂和生活的幸福。不然，就會犯錯誤，幹出蠢事、傻事或壞事，使人生的道路充滿坎坷。

以平和的心態面對一切

《聖經》裡說：「嫉妒是骨中的朽亂。」其實，嫉妒是一種普遍的社會心理現象，是人類的一種普遍的情緒。它指的是自己以外的人獲得了比自己更為優越的地位、榮譽，或是自己寶貴的物質，鍾情的人被別人掠取或將被掠取時而產生的情感。它有一個重大的特徵就是「指向性」，即嫉妒是有條件的，是在一定的範圍內產生的，指向一定的對象。也就是說，不是任何人在某些方面超過自己都會產生嫉妒，超過自己太多的人只會讓我們羨慕而不會嫉妒。在現代社會激烈的競爭當中，有人成功，就必然有人失敗。失敗之後所產生的由羞愧、憤怒和怨恨等組成的複雜情感就是嫉妒。

在生活中，當你發現別人比你優秀時，也許會產生羨慕乃至嫉妒的情緒；當別人發現你太優秀時，也可能會對你心生嫉妒。面對嫉妒，我們要學會克制自己的嫉妒情緒，也要學會從容應對別人的嫉妒，更加奮進。

從容，即舒緩、平和、樸素、泰然、大度、恬淡之總和。自古至今，對於太多的人而言，都是一種難得的境界和氣度。從容，不僅反映了一個人的氣度、修養、性格和行為方式，而且是一種符合人的生理、心理需要的有節律的、和諧、健康、文明的精神狀態和生活方式。因為從容，才讓我們這個世界的每一天多姿多彩。多一份從容，我們的每一天不再有狂風暴雨；多一份從容，我們才能聽到風柔和的聲音；多一份從容，我們才能感受到蝶兒穿梭在花叢中的那份愜意；

多一份從容，我們才能欣賞到生活的精彩。

嫉妒是一種比仇恨還強烈的惡劣心理，是心靈空虛和無能的表現。了解這一惡劣心理現象，有助於我們找到自己有時產生嫉妒心理的原因，從而想方設法克服它，達到完善自我的目的。「與其臨淵羨魚，不如退而結網」。別人有成績時，不一味妒嫉，而是透過努力拿出自己的東西，用成果同別人競爭，這才是上策。

其實，遇嫉而進，更加努力的發展和提升自己，以更高的涵養贏得別人的尊重是一種滿足自尊的最佳方式。不僅如此，隨著時間的推移，別人最終會折服於你的從容氣度。

切記，路有升沉進退，人有悲歡離合。從容是一種對人生的透徹掌握，不管是誰，只要能以平和心態面對一切，閒看天邊雲卷雲舒，笑看庭前花開花落，必能擺脫是是非非、紛紛擾擾。也只有這樣，才能善待自己，善待生活，善待人生，善待生命。

擺脫焦慮症的困擾

在日常生活中，我們不難聽到一些人尤其年輕人訴說自己的「幾多憂愁」、「幾多煩惱」，他們有一種強烈的浮躁心理。從心理學的角度而言，這是焦慮症的表現，是成長中不可避免的一種心理狀態。

焦慮症是指持續性精神緊張或發作性驚恐狀態，常伴有頭暈、胸悶、心悸、呼吸困難、口乾、尿頻、尿急、出汗、震顫和運動性不安等症狀。焦慮是無明顯原因的恐懼、緊張發作，並伴有植物神經功能障礙和運動性緊張。焦慮症在臨床上可分為急性焦慮發作和廣泛性焦慮症兩種類型。發病於青壯年期，男女兩性發病率無明顯差異。

焦慮症的病前性格大多為膽小怕事，自卑多疑，做事思前想後，猶豫不決，對新事物及新環境不能很快適應。發病原因為精神因素，如不能適應緊張的環境，遭遇不幸或難以承擔比較複雜而困難的工作等。

焦慮在正常人身上也會發生，這是人們對於可能造成心理衝突或挫折的某種特殊事物或情境作反應的一種狀態。這些事物或情境包括一些即將來臨的可能造成危險或災難、或需付出特殊努力加以應付的東西。如果對此無法預計其結果，不能採取有效措施加以防止或予以解決，這時心理的緊張和期待就會發生焦慮反應。過度而經常的焦慮就成了神經性焦慮症。

治療焦慮症一般以心理治療為主，配合藥物治療。當然首要問題是，焦慮症患者應學會自我調整和治療。改變自己的態度，以正面的角度看待事物，危機也可能是轉機；保持樂觀，缺乏信心時，不妨以過去的成就與未來的美好前景鼓勵自己；在感到焦慮的時候，可以按摩肌肉以緩和腎上腺素的分泌，按摩太陽穴舒解疼痛及鬆弛頸部的肌肉。此外還要積極參加各種活動，包括聽輕鬆音樂、打球、跳舞，能迅速減輕焦慮。

把過去永遠忘掉

李某，男，十九歲，某大學一年級新生，入學兩個多月，已請假回家數次。主動找到諮商老師訴說自己的煩惱。他說他總是想家，留戀過去的生活環境，留戀中學生活。李某的這種心理屬於典型的回歸心理。

「回歸心理」也是戀舊心態，患者渴望從對過去的回憶中尋求慰藉，應該說是一種正常的心理狀態，但是如果長期處於一種懷舊、留戀過去的心理狀態，會造成學習上的不安心，甚至像李某一樣魂不守舍，形成阻礙學習的心理壓力。因此，不能忽視大學新生中存在的這種心理不適，應引導他們儘快地熟悉新環境，克服「回歸心理」帶來的影響。

裴萍是某校一位普通的學生。她曾經沉浸在考入明星高中的喜悅中，但好景不長，高一開學才兩個月，她已經對自己失去了信心，連續兩次數學考試不及格，國文、英語、物理、化學沒有一門功課的成績能令她滿意，她對自己失望透了。

她自認為是一個堅強的女孩，很少有被嚇倒的時候，但她沒想到高中開學才兩個月就對高中三年的生活失去了信心，她曾經安慰過自己，也試著無數次的讓自己抱以希望，但換來的卻只是一次又一次的失望。

以前在國中時，幾乎所有老師跟她的關係都很好，很喜歡她，她的學習狀態也很好，學什麼像什麼，身邊還有一圈朋友，那時她感覺自己像個明星似的。但是進入到高中後，一切都變了，人與人的隔閡是那樣的明顯，學習成績也如此糟糕。現在的她很無助，她常常這樣想：我並未比別人少付出，並不比別人少努力，為什麼別人能做到的，我卻不能呢？她覺得明天已經沒有希望了，她想難道九年的拚搏奮鬥注定是一場空嗎？那這樣對自己來說太不公平了。

心理學認為，進入一個新的學校環境，新生往往會不自覺地與以前相對比，而當困難和挫折發生時，產生「回歸心理」更是一種普遍的心理狀態。裴萍在新學校中缺少安全感，不管是與人相處方面，還是自尊、自信方面，這使她長期處於一種懷舊、留戀過去的心理狀態中，如果不去正視目前的困境，就會表現出更加難以適應新的生活環境、建立新的自信。

諮商老師對來訪學生克服「回歸心理」提出如下建議：

①要多與同學接觸。俗話說，一回生、二回熟，三回成朋友。再要好的朋友，開始也是陌生人。人際交往有「自我循環」特性，越是敢於同陌生人接觸，陌生感越是消失得快。特別是與同學交往中，互相交流一下初到大學的感受，你會發現，很多情感、心理活動是一樣的，包括「回歸心理」的產生。一個人來到舉目無親的新環境，一時的不適應是很自然的，情感的共鳴，有助於心理上的溝通，會增進相互間的理解。從不適應到適應，人人都要經歷這個過程。

②要培養業餘愛好。整天緊張的學習工作會使人感到生活的單調乏味，培養一下業餘愛好，如下棋、武術、音樂、書法、球類等等，參加相應的社團活動，不僅能調劑枯燥的學習生活，還可以同周圍同學更快地熟悉起來，從而結交一些新的朋友。在週末或假日

積極參加豐富多彩的課餘活動，可以消除孤獨和寂寞。

③ 要透過書信或電話與老同學、老朋友或家鄉的親人及時交流訊息、溝通思想、介紹新環境中的人和事，可減輕思鄉、懷舊的情緒。也可主動與學校裡的同鄉同學談心，當思鄉心切，或在節假日感到孤獨的時候，可以找他們聊聊，拉拉家常，談談家鄉的變化和兒時的趣事。這在一定程度上可以改變你的思鄉心境。

讓恐懼症遠離自己

恐懼症，又稱恐怖症或恐懼焦慮障礙，是對某些事物或情境，會產生持續性的恐懼與害怕。它是一類違背病人意志的恐怖情緒，病人對常人習以為常的某一普通物品、環境或活動產生一種緊張恐懼的心情，自己明知這種恐懼過分、不正常並且無必要，但不能自制，無法擺脫。

小豔今年十四歲，國中二年級學生。當醉人的春天百花盛開時，她的情緒就會非常低落。在小豔七個月大時，她母親抱著她去親戚家參加婚禮，剛進新房，院裡響起了鞭炮聲，一隻小花貓竄上桌子，把插著花的花瓶碰倒並摔到地上。小豔見此情景非常害怕，大哭起來。十個月時，她奶奶抱她在院子裡玩，一走近院裡種的牡丹花她就大哭起來，怎麼哄也不行，抱她離開花，就不哭了。一歲時，又帶她去串門，發現她一看見別人家床單上的花卉圖案和花瓶裡插的花就放聲大哭。家裡人這才意識到小豔怕花。但並未引起重視。

但是，隨著年齡的增長，她對花的懼怕程度不但沒減輕反而更加重了。四歲時，她和村裡的一群孩子跟在出殯的隊伍後面看熱鬧，當她發現棺材上的大白花和人們佩戴的小白花時，立刻轉身沒命地往家裡跑，跑到家裡已經面無血色了。她奶奶焦急地問她：「發生了什麼事？」她驚恐異常地答道：「花追我來了！花張著嘴追我來了！」逗得全家人哄然大笑。六歲時，她上了學前預備班，剛一去就趕上歡度國慶節，排演文藝節目。她們班女同學的節目是手持紙花跳舞，這下可觸犯了她的忌諱，說什麼也不肯參加排演。以後漸漸發展到只要是花她就害怕，無論是布上、紙上的花卉圖案，還是紙花、塑料花、鮮花，她都怕得不得了。近幾年，城市綠化有了進展，很多街旁綠地上栽種了各種鮮花，令人賞心悅目。可是這對小豔來說卻是件可怕的事，在她上學的路上，為了躲開那些「可怕」的鮮花，竟不得不繞道走未種花的僻路。時間一長，同學們都知道她怕花，常跟她開玩笑，故意往她身上扔花，嚇得她面色蒼白，手腳冰涼，甚至上課時她也不能集中注意力聽老師講課，總要東張西望，唯恐窗外有人把花扔進來掉在她身上。在她的心裡，花是那麼可怕，使得她生活不寧，成績下降。

案例中小豔表現出來的症狀，叫特殊恐懼症，是恐懼症的一種。對付這種病，企圖用「這些害怕是沒有道理的」這一類話去克服害怕的情緒是不可能的。唯一的辦法是接受心理治療，例如系統減敏法。

在對具有類似恐懼心理的患者治療過程中，要注意讓患者進行深部肌肉放鬆的練習。然後開始正式治療，讓患者安靜地躺在躺椅上進行肌肉放鬆，十五～三十秒後專心想像她所害怕而程度最輕的情境，例如用手摸紙上或布上的花卉圖案。由於這種想像而出現害怕情緒時，馬上叫她停止想像。再放鬆十五～三十秒鐘，然後仍想像上述情境。這樣重複兩次後，再開始想像害怕程度稍重的情境，例如手持紙花或塑料花。放鬆、想像重複兩次。再回到想像第一種情境。這樣交替進行，直到連續兩次想像第一種情境不再引起害怕情緒時，放棄第一種情境的想像。再開始想像害怕程度最重的情境，例如站在鮮花面前。重複想像兩次，再與第二種情境交替想像，直到這些想像都不再引起害怕情緒為止。

透過這種系統減敏療法，加上患者的積極配合，就會慢慢減輕那些情景引起的害怕情緒，如果再透過藥物療法以及親人的鼓勵和鞭策，患者的恐懼心理就有可能徹底得到治癒。

打破心靈的枷鎖

人的一生要走過的路很漫長，而在這漫漫的人生路上，並不都是筆直的大道。這中間我們要遇到許多坎坷與束縛。因而，面對這樣的人生，我們需要不斷地左衝右突，掙脫束縛，追尋屬於自己的幸福和快樂。尋找屬於自己的一片天空。有這樣一個關於大象的故事，講的就是如果擺脫不了心靈的枷鎖，那麼即使是一根小小的鐵鏈也能把千斤的大象困住。

一個小孩在看完馬戲團精彩的表演後，隨著父親到帳篷外面拿乾草餵養剛剛表演完的動物。這時候小孩注意到有一個大象群，問父親：「爸爸，大象那麼有力氣，為什麼它們的腳上只繫著一條小小的鐵鏈，難道它真的無法掙開那條鐵鏈嗎？」

父親笑了笑，解釋道：「沒錯，大象是掙不開那條細細的鐵鏈。在大象還小的時候，馴獸師就是用同樣的鐵鏈來繫住小象，那時候的小象，力氣還不夠大，小象起初也想掙開鐵鏈的束縛，可是試過幾次之後，知道自己的力氣不足以掙開鐵鏈，也就放棄了掙脫的念頭。等小象長成大象後，它就甘心受那條鐵鏈的限制，不再想逃脫了。」

正當父親解說之際，馬戲團裡失火了，草料、帳篷等物品都被燒著了，大火迅速蔓延到了動物的休息區。動物們受火勢所逼，十分焦躁不安，而大象更是頻頻跺腳，仍是掙不開腳上的鐵鏈。

兇猛的火勢最終逼近了大象，其中一隻大象已被火燒著，疼痛之餘，它猛然一抬腳，竟輕易將腳上鐵鏈掙斷，於是迅速奔逃到安全的地帶。有一兩只大象見同伴掙斷鐵鏈逃脫，立刻也模仿它的動作，用力掙斷鐵鏈。但其他的大象卻不肯去嘗試，只顧不斷地焦急地轉圈跺腳，最後被大火席捲，無一倖存。

在大象成長的過程中，人類用一條鐵鏈限制了它，即使那樣的鐵鏈根本繫不住有力的大象，但大象卻從未想到過掙脫。這就是人們在大象的心理加了一把枷鎖的緣故。而在我們成長的環境中，是否也有許多肉眼看不見的鏈條繫住了我們？而在不知不覺中，我們也就自然將這些鐵鏈當成習慣，視為理所當然。於是本該屬於我們獨特的創意就被自己這些習慣抹掉，並開始向環境低頭，甚至於開始認命、怨天憂人、安於現狀、不思進取。

而這一切的一切都是因為我們心中那條繫住自我的「鐵鏈」在作祟。跟故事中的那頭大象一樣，或許，你必須耐心靜候生命中來一場大火，必須選擇掙斷鏈條或甘心遭大火席捲。如果沒有一場大火的出現，或許你就安於被鏈條所困住一生。或許，你幸運地選對了前者，掙斷鏈條獲得重生。除此之外，你還有一種不同的選擇，那就是當機立斷，運用我們內在的能力，立即掙開消極習慣的捆綁，改變自己所處的環境，投入另一個嶄新的積極領域中，使自己的潛能得以發揮，獲得生命中屬於自己的一片天空。

你願意靜待生命中的大火，甚至甘心被它所席捲，而低頭認命？還是立即在心靈上掙開環境的束縛，獲得追求成功的自由？其實在這兩者之間做出選擇並不困難，困難的是我們有沒有勇氣去打破已有的格局，擺脫心靈的枷鎖。

如果你現在覺得自己還沒有打破這些枷鎖，那麼就請看下面的這些枷鎖在你身上是否存在。然後再對症下藥，給自己的心靈放一把大火。

第一種類型：一直擔心「別人會怎樣想」的心靈枷鎖

有的時候，當你想做一件事情的時候，首先想到的不是成功，而是先想到如果失敗了「別人將會怎麼看？」這是一種最普遍而且最具自我毀滅性的心理狀態。這種心態是一種強而有力的枷鎖。它不僅會傷害你的創造力和人格，還有可能把你原有的能力破壞殆盡，使你永遠只停留在原地。

這裡給你推薦一種簡單易行的方法，為擺脫這種「別人」式的心靈枷鎖，你不妨想一想，首先你要清楚「別人」並不是「先知先覺」，他們往往都是「事後諸葛亮」。然後要時刻提醒自己：走自己的路，讓別人去說吧！不要管別人會怎麼去想，怎麼去說。

第二種類型：認為「已為時太晚」的心靈枷鎖

人的一生要經歷許多的成功與失敗，並不是說成功者就不會失敗，就沒有失敗過，往往是越成功的人，他們所經歷的失敗越多。並且成功沒有時間的先後，只要奔著自己的目標努力，無論成功的大小都會有所回報的。然而，許多失敗者失敗後就覺得再重新拚搏已為時太晚了，無法再創業了，於是對自己的未來完全妥協，逆來順受地熬日子。試想如果一個三十歲的青年做生意虧了本就自認為無法東山再起；一個四十歲的寡婦就自認為太老無法再婚；一位十年前破了產的廠長要想重新開始投資就認為時過境遷。那麼三十歲就否定了自己的未來，四十歲的心態就變得老態龍鍾，十年後再投資就覺得時機不在的人，是否真的如他們所認為的那樣就不能成功呢？

為了解除這種「為時太晚」的枷鎖，這裡給你一個建議，看看那些社會上的活躍人物，他們不去理會年齡的限制，並下定決心，不斷奮鬥終究會有新成就。所謂「春蠶到死絲方盡，蠟炬成灰淚始乾」，成功與年齡無關，重新開始永遠為時不晚。

第三種類型：背著「過去錯誤」的心靈枷鎖

有這麼一群人，他們害怕再次嘗試，因為他們曾經失敗過，受創很深，所謂「一朝被蛇咬，千年怕井繩」。但是，對每一位有志之士來說，他都必須對過去所犯的錯誤保持正確的哲學觀，從而使他得以再次突破，再創佳績。如果你能真正的理解「失敗是成功之母」的話，那你就不會害怕失敗。而如果你把失敗看成是成功路上所要學習的一筆財富的話，那麼你就不會被失敗所打倒。

這種類型的枷鎖的解決方法是，你完全不必把「過去的錯誤」看得太重。其實那根本不能算作失敗，只能算是受教育，它能教會你許多事情，使你更加成熟。

第四種類型：擔心「注定會失敗」的心靈枷鎖

這是一種非常普遍的心理。一旦失敗，便將自己初始的動機通通地扼殺。他們不斷重複著說：「早知如此，何必當初！」他們因此把自己看得渺小，無法真正透徹地看清自己。

為了擺脫「注定會失敗」的枷鎖，你不妨保持積極的態度。切莫在不經意中將自己的創新意識拋棄。只要想著「我將要成功」而不是會失敗；「我是一個勝利者」而非「一個失敗者」，擺脫自己的心靈枷鎖，尋找一切能助你成功的方法，你會成功地擁有屬於自己的一片天空。

總之，一個人要想獲得成功，早日實現心中的理想，就必須掙脫以上這些束縛心靈的枷鎖。

驅散空虛心理

在生活中，空虛往往會在不經意間侵襲人的心頭。有空虛感的人起床後覺得今天也不過如此，明天也不過如此，也許以後都會如此。空虛就像飄在夜空中的最後一層濃霧，不能驅散，四處彌漫。空虛沒有味道，沒有顏色，就像空氣一樣永遠存在，一深呼吸就充溢整個胸腔，使人的內心會隱隱的痛，雖不錐心刺骨，卻如同菟絲花慢慢地讓你越來越心神不定，無論被外界怎樣刺激也無關痛癢。

在成長的過程中，一些年輕人會不停地追問生命（生活）的意義，其實答案是很豐富的。但是如果碰巧接觸生活的很多陰暗面，得到的是「生命本無意義」的答案，他們往往就會感到痛苦、無聊，甚至覺得生活沒意思，相應地就會產生空虛感。我們常說，事物都有兩面性，所以即使當生活的硬幣翻到消極的一面，也要學會用積極的心態，用另一副「眼鏡」看世界。從心理學的角度看，空虛是一種消極情緒。這是它最重要的一個特點。被空虛所乘機侵襲的人，無一例外地是那些對理想和前途失去信心，對生命的意義沒有正確認識的人。他們或是消極失望，以冷漠的態度對待生活，或是毫無朝氣，遇人遇事便搖頭。為了擺脫空虛，他們或抽菸喝酒，打架鬥毆，或無目的地遊蕩、閒逛，耽於某種遊戲，之後卻仍是一片茫然，無謂地消磨了大好時光。空虛帶給人的，只有百害而無一利。

那麼我們在生活中該怎樣擺脫空虛感呢？從下面的寓言中我們或許能感悟到真諦：

神孜孜不倦地造人，一個一個地造出來又一個一個的被魔吃掉。有一天，魔終於忍不住了，暴怒地對神吼道：「你不要再造人了，再造人，我連你一起吃了！」神的眼裡淌出了淚，說：「可我總得有事做呀！否則我會很寂寞的。」魔沮喪地垂下了頭，低聲說：「我也是。」

我們每天重複地做著許多事其實就是為了逃避空虛。

空虛是無盡的黑暗，是糾纏的恐怖，是沒有血肉的空空袍袖，是理也不清，斷也不斷的蛛絲鉸結的網。所以要逃離空虛，於是，有人一圈圈孤獨地散步，有人拖著鼠標在網絡裡遊蕩……

現實生活中，擺脫空虛感可以採用以下五種方法：

①調整需求目標。空虛心態往往是在兩種情況下出現的。一是胸無大志；二是目標不切實際，使自己因難以實現目標而失去動力。因此，擺脫空虛必須根據自己的實際情況，及時調整生活目標，從而調動自己的潛力，充實生活內容。

②求得社會支持。當一個人失意或徘徊時，特別需要有人給以力量和支持，予以同情和理解。只有獲得社會支持，才不會感到空虛和寂寞。

③博覽群書。讀書是填補空虛的良方。讀書能使人找到解決問題的鑰匙，使人從寂寞與空虛中解脫出來。讀書越多，知識越豐富，生活也就越充實。

④忘我地工作。勞動是擺脫空虛極好的措施。當一個人集中精力、全身心投入工作時，就會忘卻空虛帶來的痛苦與煩惱，並從工作中看到自身的社會價值，使人生充滿希望。

⑤目標轉移。當某一種目標受到阻礙難以實現時，不妨進行目標轉移，比如從學習或工作

以外培養自己的業餘愛好（繪畫、書法、打球等），使心情平靜下來。當一個人有了新的樂趣之後，就會產生新的追求；有了新的追求就會逐漸完成生活內容的調整，並從空虛狀態中解脫出來，迎接豐富多彩的新生活。

當你和空虛頑強鬥爭的時候，請記住普希金的這句詩：「生活不會使我厭倦。」

用樂觀代替悲觀

我們的感受會隨自己思想的改變而變化，時而十分愉悅，時而倍感恐懼。寧願讓盜賊進入你的居室，竊去你最有價值的珍寶，劫奪你金銀財物，也絕不可允許心靈上的敵人——混亂的思想、軟弱的思想、恐懼的思想和嫉妒的思想一一進入你的腦海，竊去你心中的恬靜，盜走你心中的快樂與幸福。

主宰人們思想的是心靈。心靈上有了思想，然後才有生活的現實。心靈上的意象，深深地刻畫在一個人的生命裡，刻畫在每個人的品格上。人的生活，實際上也就是不斷地將心靈上的意象變為現實而已。

一個人的思想很明顯地在他的面容上表現出來。當一個人遭到大的失望，或是經濟上的巨大損失後，不出幾天，他的面容就為之改變，甚至他的朋友遇見他也難以辨認。從這個例子，我們可以看出，心靈影響對於我們生活的作用是巨大的。

我們生命中的成就大小，大半都要看我們能否保持身心的和諧，能否驅逐種種足以破壞我們心境、降低我們效率的精神仇敵。

當然，各種不同的思想會產生各種不同的影響。但我們都知道，一切樂觀、積極、愉悅的思想，會使人健康、使人年輕、使人興奮，它好似一股歡樂的電流走遍我們的全身，能給我們整個的身體帶來新鮮的希望、更大的勇氣和細膩的生活感受。

每個人的世界都是他自己造成的。一個人若是使自己的思想裡充滿了困難、恐懼、懷疑、絕望、憂慮的東西，那麼他的整個生活就難以走出悲愁、痛苦的境地。但他若能抱著樂觀的態度，那麼就可使曚蔽心靈的種種陰霾煙消雲散。

凡是能夠保持堅定信念的人，一定懂得用希望來代替絕望，用堅韌來代替膽怯，用決心來代替猶豫，用樂觀來代替悲觀。一個人如果能擁有良好積極的思想、樂觀愉悅的精神，那麼他定能肅清一切心靈上的敵人，這樣的話，就要比那些沮喪、失望、猶豫的人們有利的多！在任何情形之下，你都不要讓那些病態的思想、不和諧的音符侵入你的生活。

如果人人都能像小孩一樣，沒有心靈上的創傷和裂痕，始終保持著天真、快樂的天性，而將一切破壞性的、腐蝕性的思想拒之門外，那麼我們生命中不必要的損害與消耗真不知道要減少多少。事實表明，在數小時中因憂慮悲傷所消耗的精力，竟要超過做幾個星期苦工所耗的精力！

要驅除心靈上的敵人，必須要有持久的努力。如果沒有決心和毅力，不能做成任何重要的事情，何況是驅除那深藏在心靈中的仇敵呢？

有些態度是勢不兩立的，比如樂觀會戰勝悲觀，希望會驅逐失望，快樂會覆蓋沮喪。如果心中充滿了愛的陽光，那麼一切仇恨妒忌的情緒自然會煙消雲散，因為陰暗的思想並不能存在於愛的陽光裡。

不要讓思想的仇敵侵入自己的心靈，你要這樣對自己說：「每一個仇恨、凶暴、沮喪、自私的思想進入我的心靈，都會奪去我的快樂，減弱我的才能，阻礙我的前程。我必須立刻用相反的思想去驅逐它們！」

如果心靈中充滿了善良的思想、高尚的思想、友愛的思想、誠實的思想，它們和諧相處，那麼一切不良的思想自然就會消失。因為在同一個時候，即使有兩種勢不兩立的思想並存於一個人的心靈之中，使你矛盾、徬徨和痛苦，但最終和諧的訴求將占據上鋒。

愛人、助人、仁慈和善良的思想，足以激發我們生命中最高尚的情感與情操，能給我們以健康、和諧與力量，使我們與大自然達到協調一致。

孩提時代，我們赤腳在鄉間行走時，都會小心翼翼地避免踏在尖銳的石頭上，以免使自己的腳底受傷，然而長大成人後，我們為什麼竟然不懂得去防止仇恨、妒忌和自私來侵害我們的心靈呢？我們應盡力驅除那些心靈上的敵人，主動歡迎和接納心靈上的朋友。

凡是能夠保持積極思維的人，一定懂得用希望來代替絕望，用堅韌來代替膽怯，用心來代替猶豫，用樂觀來代替悲觀。

逆境中不能自暴自棄

逆境，是每個人的必經之路。身陷逆境，每個人的態度也截然不同，有的人習慣訴苦，有的人願意乞憐，有的人會自暴自棄，而有的人則會奮力自救。當然，你選擇怎樣的態度，也就選擇了最終的結果。

訴苦至多博得幾滴同情的眼淚，在你想得到別人同情時，你從內心已讓自己低人一截了。乞憐可能連同情也得不到，得到的是數不清的白眼。

自暴自棄更是下下策。本來還有突圍的可能，但因為自暴自棄而失去了這種可能；本來還有東山再起的機會，但因為自暴自棄而讓機會從眼前溜走。

那麼，只有自救才是你擺脫逆境的唯一方法。唯有奮力衝鋒，殺開一條血路，才能求得海闊天高的生存空間。當別人幫不了你，上帝也無法救你之時，你只有自己救自己了。

《動物世界》中有這樣一個場景：一群遷徒的野牛在行進途中，突遭數隻獵豹的襲擊。剛才還是悠然自得的牛群頓時像炸了窩的馬蜂，驚恐得四處奔逃，躲避著獵豹，逃脫死亡。一隻隻野牛在奔逃中被撲倒，沒有搏鬥，掙扎也是那樣有氣無力，只是哀鳴了一聲，即成了獵豹的食物。就在我為野牛大叫惋惜時，突然，一隻看似弱小的野牛，就在快被獵豹追上的剎那，突然停住，全身奮力後坐，努力將身體的重心後移，奔跑的四蹄成了四條鐵槓，直直地斜撐在地上，身體周圍隨即騰起濃濃的塵土，如同爆響的炸彈掀起的浪。在這生與死千鈞一髮之際，這只小小的野牛停住了，我的心旋即提到嗓子眼。我的擔心是多餘的。急停下來的小牛，不但沒有被獵豹嚇倒，反而轉過身來，憤怒地沉下頭，揚起頭頂上那一雙尖硬的角，猛抵沖過來的獵豹。那隻不可一世的獵豹，還沒有看清眼前發生的一切，就被野牛尖角抵住了身體、扎進了肚子，獵豹被高高地揚起，拋向空中。頓時，情況急轉直下，奔逃的野牛們還在拚命地奔逃，而製造死亡的其它獵豹卻驚呆了，先是頓立，繼而掉頭逃走。

被獵豹追捕，多麼驚恐萬分，面臨死亡回首痛擊，又是置之死地而後生。野牛是動物世界中身體強壯而眼大膽小的群體，又是生存中求實惠缺乏靈性的動物。在這突如其來的災禍面前，它們唯一的選擇就是逃跑。逃跑的路線又是那麼的單一，不管前面是沼澤、叢林，還是高山、斷壁，一個勁地往前衝。跑的是一條直線，往往成了獵豹最好的捕捉品。而一旦被捉住，只有任其獵殺。自然的本能，拙劣的求生，悲慘的結局。我不知道為什麼唯有那只小野牛不像它的父母兄弟姐妹，不以奔逃求生，而選擇以戰而生的方式一一回首痛擊，戰勝死亡。

人生苦難和磨礪多多，面對困難和死亡，哪怕是不可抗拒的天災人禍，即使你已經奄奄一息，也要記住：弱者回首能變強。

讓自己主宰自己

人生中似乎困擾太多，快樂太少，你是否覺得人生本應一帆風順，那些降臨在自己身上的挫折與困難都該通通消失，否則便要怨天尤人？你是否認為眾人應該友好、平等地待你，你所追求的心儀對象應該接受你，否則便會感覺沮喪或是焦慮？你是否要求自己盡善盡美地完成工作，一旦稍有失誤就會自我否定或是自我譴責？

小莉是大型公司的一名員工，整天多愁善感，遇到一點挫折就垂頭喪氣，總是怪自己太笨了。有時候確實是工作難度大了、有時候確實是事出有因、有時候是他對自己的要求太高了，可他卻不去考慮多方面的因素，只要一遇到不順心的事了，他就一個勁地埋怨自己，剛開始朋友還會去勸他，可一直這樣，弄得大家也都沒有了好心情和耐性，乾脆都不去理會他的自責和不高興。久而久之，他就感覺被人冷落了，甚至憂鬱成病……

生活中總是難免有煩惱，有時人生的煩惱，不在於自己獲得多少，擁有多少，而是自己想得到的更多。

有時因為想得到的太多，而自己的能力卻難以達到，所以便感到失望與不滿，然後就自己折磨自己，說自己「太笨」、「不爭氣」等等，就這樣經常自己和自己過不去，和自己叫勁。小莉就是一個這樣的典型。

人總有不順心、不如意的時候，其實外在不是真正能主宰你的因素，真正能決定結果的是你自己。

比如你害怕別人說你胖，你千萬次地看過自己後，決定節食減肥。面對餐桌上的諸多美食，你只能是閉著眼睛嚥口水，忍受著饑餓的折磨。實在沒辦法時，只能是在美食面前選擇逃避！幾日後，身體可能是苗條了，聽到了別人的讚美，可是只有自己最清楚，體質已經下降了！一個人的快樂，不是因為他擁有得多，而是因為他計較得少！

人們常說，凡事多往好處想，才能有一個好心情。確實是這樣，有一個人老是不順心，可他總是能從好的一面去看問題。有一天出門，不小心掉到河裡，爬上岸一看，別人都替他難過，可是他卻高興地說：「嘿！真走運，口袋裡還裝了一條魚。」如果你也能以這種心態去生活，你就會過得很坦然，很快樂。

人這一輩子不可能總是春風得意、一帆風順，肯定會有許許多多不如意的事，說不定哪一天生活就會跟你開一個不大不小的玩笑，使你結結實實地撞上無情的「紅燈」，或事業失敗，或愛情失意等。這時候就得想開點，平淡地面對生活，多勸勸自己，千萬別跟自己過不去。

如果你想不開，吃不下，睡不著，又有什麼用呢，過多的煩惱和壓力只會將你的心靈擠壓得支離破碎。而且人體的各種器官在心情煩惱或怒火中燒的情況下會處於緊張狀態，往往會引起失眠、神經衰弱等。若是長期處於憂鬱狀態，還會誘發其他心理疾病。

所以，人要學會對自己好一點，不跟自己過不去，要知道世上沒有跨不過的溝，也沒有淌不過的河，要想得通，放得下。

那麼，為什麼有許多人會悲嘆生命的無奈和生活的艱辛，卻只有少數人能在有限的生命中活出自己的快樂呢？這是因為，一個人快樂與否，主要取決於一種心態，特別是如何善待自己的一種心態。

其實，靜下心來仔細想想，生活中的許多事情，並不是因為你的能力不強，恰恰是因為你的願望不切實際。要知道一個能力超強的人也並非具有做任何事情的才能，這樣想時才不會強求自己去做一些能力做不到的事情。

如果你覺得不開心，那就學會自己去尋找生活中的快樂。其實獲得快樂的方式也很簡單，比如早晨醒來睜開眼睛看著天花板，你可以用快樂的心去感受那純淨的白色；上午在窗前讀一本文采飛揚書，你可以用快樂的心去體味書中的感動；下午坐在搖椅上呼吸、冥想，你可以用快樂的心去觸摸太陽的溫暖；黃昏到樓下茶館裡去品一杯醇香的紅茶，聽一曲悠揚的旋律，你可以用快樂的心去迎接黑夜的來臨；晚上給家人煮一鍋又鮮又香的排骨湯，你可以享受到付出的快樂。

對自己好一點

做自己想做的事，過自己想要的生活，才能有一個好心情。可是現實生活中，卻有一些人過於刻薄自己，總是搞得心情過於沉重。其實又何必如此呢？偶爾看到一件漂亮的衣服，喜歡得不得了，那就買下吧，儘管它會花掉你半個月的薪水，為什麼不呢，就當買個好心情，也值了。心情不好？去酒吧盡情放鬆自己，去咖啡屋靜靜地反思自己，何必要坐在床上一言不發，和自己過不去呢！

英國思想家洛克曾說過：「人的幸與不幸，多半是自作自受。」這句話非常真實道地出了一個這樣的事實：只有我們自己才能迫使自己進入不幸和自怨自艾的苦境。一旦無條件地投降而成為沮喪情緒的犧牲品，人便背棄了自我的生活，丟掉了自我的價值觀，感受不到生活的真諦，成為一個只有人形的空殼兒，只會感到一種內在的冷漠，一種對社會已毫無用處的感覺，而且給自己還會帶來很多不利的東西。

刻薄自己容易衰老

一個人若是整天刻薄自己，那他的人生是毫無歡樂可言的，生命便消磨得很快。有些未到中年已經顯出衰老跡象的人就是這種原因所致。有些正值青春年少的女子，面容上卻布滿了皺紋，日常生活中自己製造的煩惱，不懂得享受生活，所以體會不到生活帶來的快樂，刻薄給予她們自己的是衰老。

刻薄自己容易滋生煩惱

心理學家認為，驅除煩惱最好的方法，就是要保持一種愉快的心情，這就要求我們不能刻薄自己。在煩惱的時候，我們只要用希望來替代失望，用勇敢來替代沮喪，用寬容來替代刻薄，用寧靜來替代煩惱，用愉快來替代煩悶就夠了。然而，在現實生活中，總是有許多的人過分刻薄自己。要知道，一味地刻薄則自己，將會使煩惱與日俱增。

一個真正懂得從生活中尋找樂趣的人，從不覺得自己的日子充滿壓力及憂慮。因為人無完人，自己也不例外，只有坦然地面對生活，才能使自己活得幸福。那麼，怎樣才能走出刻薄的陰影，感受生活的樂趣呢？

消除不切實際的期望

生活中，你是否為自己訂下目標，要在二十五歲前成為百萬富翁，而這個願望至今還沒有實現？想一想，這麼多年來你一直抱著這些期望不放，不斷打敗自己，這樣有什麼益處呢？與其對自己作出過份的要求，不如放棄那些不切實際的期望。

少跟別人比較

俗話說，人比人，氣死人。如果你在生活中經常與他人比較，自然會感到有著太多的不如意。因為不管什麼時候和別人比較，不管自己多麼優秀，都會找到比自己各方面更出色的人。所以，要想過得幸福就應少和他人比較。

多肯定自己

對於經常刻薄自己的人來說，每次在內心深處自責的時候，不如改變一下立場，多肯定自己。如果能長期堅持下去，你會發現，結果好的事情會越來越多，而結局不如意的事情則會越來越少，甚至會消失。

想得開，看得開

做到善待自己，就要做到看得開，想得開，珍惜生命，享受生活。人生在世，不如意事常八九，更何況當今世界物慾橫流，世事紛繁。世上沒有解不開的結，就怕你看不開，想不開。

善待自己，就是珍惜自己，愛護自己；善待自己，就是善待自己的一言一行，一舉一動，也就是「言必行，行必果」；善待自己，就是把自己的才能、潛力最大限度地發揮出來；善待自己，就是對社會、家庭、事業和周圍的人負責；善待自己，就是善待生命，善待人生。

王明現在是一家公司的市場部經理，三年前，在外有小三的丈夫和她離了婚，雖然有了孩子，但王明並未放棄對生活的熱愛和對幸福的追求，她自學考研，自修管理專業，還要照顧幼小的孩子，但她卻說她的生活很充實，至少沒有了和丈夫的爭吵，和對他的氣憤，她自信，必須以實際行動告訴孩子，他雖然沒有父親，卻有一個自信堅強的母親。孩子慢慢長大，現在，她每週都帶孩子去遊樂園玩，有時還請假帶孩子出遊幾天，孩子也很聰明開朗。最近，她又和一位優秀的男士結了婚，現在笑容每天都掛在她的臉上。

王明，可以說是一位堅強的女性，她並未因失去丈夫而自暴自棄，也並未因為孩子小而讓她感覺到有負擔，而是作為一個母親，勇敢承擔起做母親的責任，照顧孩子，發展自己，最終獲得自己想要的幸福，這就是善待自己的典範。

為快樂而活，不是爭名奪利，不是穿金戴銀，不是錦衣玉食，而是追求心中的一份寧靜平和，讓自己時刻保持樂觀大度的心態。生命，上天都給予我們了，就不要因為自身條件的不如人意而痛苦，懊惱地折磨自己，與其這樣身心疲憊地努力自己有限的生命，為何不充分利用這個時間來享受此刻我們所擁有的一切呢？親情、愛情、友情、陽光、空氣……還有讓自己變得快樂起來的心情！這才是為自己而活的最高境界。

善待自己，因為你是你今生的唯一；善待自己，你將獲得對自己的認同和理解；善待自己，為使自己能更好地給予他人。

義大利戲劇家皮蘭德婁說：「我們每個人身上都擁有一個完整的世界，在每個人身上這個世界都是你自己的唯一。」

你應該這樣告訴自己：若沒有我，我的自我將變成一紙空文；若沒有我，我的生命將戛然而止；若沒有我，我的世界將變成一片廢墟。儘管在整個宇宙我不過是滄海一粟，但對於我自己，我是我的全部。為此我首先珍重自己，才能得到別人的珍重；我必須善待自己，才對得起造物主的恩賜。

當真正領悟到生命比一切都重要的時候，我們便可以真正地善待自己了，只有做到生命、心態、靈魂三者完美結合才算是真正的善待自己。生命誠可貴，自身價更高，只為快樂活，雜念早該拋。朋友，人生是短暫的，時刻善待自己，快樂地生活吧！

人在遇到困難、失敗和挫折時，最希望得到別人的幫助、鼓勵和支持。但是，俗話說「勸皮勸不了心」，外力還要靠自己內化，才能從根本上解決問題。所以，一個人遭受挫折後，最關鍵的是要自我安慰、自我調節，即善待自己。如果一個人不懂得善待自己，承受挫折的心理是無法得以調節的。那麼，如何善待自己呢？

善待自己，首先要珍惜自己的生命

人生不過短短幾十年，如果在碌碌無為中度過，或者在消極悲觀中度過，甚至自殺了卻此生，那你豈不是白來世間一趟。如果，你在受了些挫折後，想不開，覺得活著沒意義，你不妨試著去欣賞一下別人的好處，知道在這個世界上，其實還有很多事情等著你去做，你的生命是很有價值的。生命只有一次，既然我們在這裡領悟過了人生，就該好好地去珍惜它，讓生命真正散發光彩。

善待自己，要會保護自己

許多挫折都是人為造成的，有的人因為鋒芒太勝，稜角太強而挫傷了別人也害了自己，這種人就是不會保護自己。所以，必須把保護自己也算作一種才華。一個不會自我保護的人再有才華，也會使才華過早地埋沒，而不能為社會做更多的事。為了避免再受挫折，凡是稜角較強的人都必須學會保護自己。平時不要過於鋒芒畢露，顯示自己，要學會做人處事。

善待自己，用一顆平常的心看待得失榮辱

不以物喜，不以己悲。許多事情，只要我們用心去做了，只要我們問心無愧，結果就顯得不

重要了，所以，不必因為失敗或挫折而怨天尤人，折磨自己。

善待自己，不妨多些角度審視自我，還要換位思考問題

「橫看成嶺側成峰，遠近高低各不同」。許多本來可以避免的麻煩與矛盾，多是因處理不當將自己置入其中的。吃一塹，長一智。人正是在不斷失敗的過程中成長起來的，失敗是成功之母。

善待自己，要懂得自我安慰

給真誠執著的心加上一把勁兒，為屢敗屢戰的自己大聲喝彩！相信「不經歷風雨，怎能見雨後彩虹」，相信「冬天到了，春天還會遠嗎？」讓生命的真實在希翼中獲得一次暢快的呼吸。讓自己更堅強，讓生命更昂揚！

國家圖書館出版品預行編目資料

看見快樂，你可以給自己力量：打破心靈枷鎖，掃除憂鬱低潮，改變心態，成為精神的強者！/ 吳學剛 編著 . -- 第一版 . -- 臺北市：財經錢線文化事業有限公司 , 2022.12

面；　公分

POD 版

ISBN 978-957-680-565-3(平裝)

1.CST: 成功法 2.CST: 自我肯定

177.2　　111019235

電子書購買

看見快樂，你可以給自己力量：打破心靈枷鎖，掃除憂鬱低潮，改變心態，成為精神的強者！

臉書

編　　著：吳學剛
發 行 人：黃振庭
出 版 者：財經錢線文化事業有限公司
發 行 者：財經錢線文化事業有限公司
E-mail：sonbookservice@gmail.com
粉 絲 頁：https://www.facebook.com/sonbookss/
網　　址：https://sonbook.net/
地　　址：台北市中正區重慶南路一段六十一號八樓 815 室
Rm. 815, 8F., No.61, Sec. 1, Chongqing S. Rd., Zhongzheng Dist., Taipei City 100, Taiwan
電　　話：(02) 2370-3310　　傳　　真：(02) 2388-1990
印　　刷：京峯彩色印刷有限公司（京峰數位）
律師顧問：廣華律師事務所 張珮琦律師

定　　價：360 元
發行日期：2022 年 12 月第一版
◎本書以 POD 印製